JN103867

《改訂版》田村のやさしく語る現代文

田村秀行

代々木ライブラリー

はしがき

この本は、大学入試の現代文のためのものです。現代文は、高校の授業と入試で大きく違います。ですから、皆さんに一から学んでもらう必要がありますが、この本は特に現代文が苦手だという人のことを考えて書きました。

途中までは会話の調子で書いたやさしく読める本ですが、問題解説では固い文体になります。これ一冊をやり通せれば、難関大レベルの問題まで解けるようになるはずなので、がんばって第二部の最後までたどり着いてください。

二〇二〇年　夏

著　者

※この書籍は『田村のやさしく語る現代文（一九九六年初版発行）』より、別冊の収録問題と本冊の第二部の解答と解説を全面リニューアルした改訂版となります

目次

2 現代文を解く道具はこれだ！ …… 32

第二部 入試現代文に挑戦しよう……75

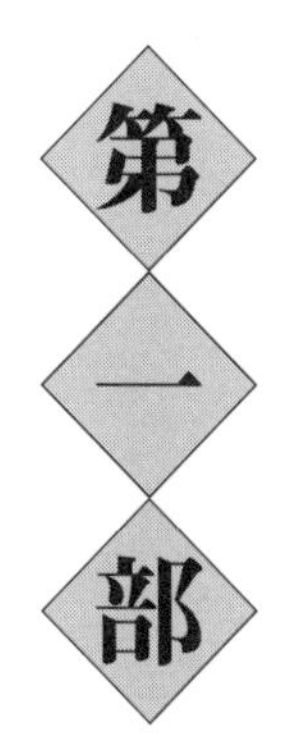

現代文の基礎を身につけよう

1 現代文は、これがわかればできる！

☆現代文はどうすればできるだろうか

まず、君らはこの本を開く気になったわけだよね。それだけで、もう人とは違う出発点に立ってるんだな。というのは、参考書を買ってまで現代文をやろうって人は少ないからだよ。多分、やってもやらなくても同じ、やったって出来るようになる科目じゃあない、と思われてるためだろうね。

でも、逆に言うと、現代文はたいていの人があきらめてるから、これに少しでも強くなれば入試ですごく有利になるんだ。しかも、少し強くなるくらいなら、そんなに大変なことじゃないんだよ。

どうしてかっていうと、現代文は〈科目の性質〉を知るだけでかなり出来るようになるからなんだ。わかりのいい人なら、春期講習なんかで最初の30分くらい僕の話を聞くと、もう20点くらい上がっちゃうってくらいのもんだからね。

> 現代文は、〈科目の性質〉を知ることでできるようになる。

☆現代文の性質はどういうものだろうか

じゃあ、その性質はどういうものかと言うと、よく〈客観的〉とか〈論理的〉とかいうんだけど、そういう言葉だけでわかるわけはないよね。〈論理的に読め〉と先生に言われるけど何のことかわからない、という人が多いらしいもんね。

そこで、まず次の問題をやってもらうことにしよう。カンじゃなくてよく考えてよ。

問一　人間の性質は「善」か「悪」か。正しいものを次の中から選び、番号で答えなさい。

1　人間の性質は「善」である。
2　人間の性質は「悪」である。
3　人間の性質は「善・悪」両方である。
4　人間の性質は「善・悪」とかかわりない。

◎ヒント……もちろん、これは「入試現代文」として考える問題。

さて、正解は何だろう。

実は、君らをだましたことを謝らなくちゃならないんだけど、この問題は〈正解が出せない〉んだよ。

その理由を言う前に、続けてもう一つ問題をやってもらう。

問二　問一にはなぜ正解が出せないのか。正しいものを次の中から選び、記号で答えなさい。

A　本文がないから。

B　高校の科目で習っていないから。

C　人間の性質は簡単に言えるものではないから。

D　どうとでも言えることの答を決めるのはかえってよくないことだから。

◎ヒント……もちろん、これも「入試現代文」の問題として考える。

性質
現代文

じゃあ、問二の答から言おう。ずばり、「A　本文がないから。」が正解。これを記述問題式に答えれば、

入試現代文は、筆者の意見をもとにして答えるものなのに、問一には筆者の意見がないから。

ということになる。普通、筆者の意見が書いてある文章を「本文」というので、「A」のような言い方になるわけだ。

ところで、この二つの問題は何のために出したのかというと、結論から言っておけば、

現代文の第一の性質は〈客観的〉だということである。

をわかってもらうためだったんだ。結局、よく言われる言葉に戻ったことになるね。でも、これをただ言葉で言われるんじゃなくて、問題として考えてからの方が実感として理解できるだろうと思ったから、ちょっと君らをだますようなことをしたわけだ。だましたことは謝らなけりゃならないけど、そういう意味でしたんだから許してね。ただ、断っておくけど、実際の入試には答のない問題は出ないからそのつもりで。

☆現代文で〈客観的〉とはどうすることだろうか

で、許してもらったことにして、〈客観的〉ってことの説明をしよう。

さっき問二の答を記述式で書いた文章の意味はわかったかい。あれがわかれば、入試現代文でいう〈客観的〉ということを理解したことになるんだな。

つまり、入試現代文というのは、習ったことを答えたり、自分で考えたことを答えたりするんじゃなくて、「本文」として与えられた文章の「筆者の意見」はどういうものだったのか、ということを答える科目なんだよ。そうすることを〈客観的〉と言うんだ。

だから、もし、初めの問題に、

> 動物の中で人間だけが、血もつながっていない他者に同情し助けることが出来る。人間はそうした思いやりの性質を持っているのだ。

というような文章が与えられていれば、正解は「1　人間の性質は『善』である。」ということになる。

そうじゃなくて、

動物の中で、食べもしないものを遊び半分に取って殺すのは人間だけである。人間にはそうした他の生存を不当に脅かす性質があるのだ。

というような文章だったら、「2　人間の性質は『悪』である。」ということになるはずだ。

とすれば、この両方のことが二つとも書いてある文章なら、「3　人間の性質は『善・悪』両方である。」になるな。

それから、

人間は血のつながらない他者を助けたり、食べもしないものを取って殺したりするが、それは人間としての自然な行為であり、そういうことをしないのが動物の自然であるのと変わりはない。人間はもともとそういう性質をもっているのだ。

というような文章なら、「4　人間の性質は『善・悪』とかかわりない。」と答えなけりゃならない。

「動物の自然」と同じだということが書いてあるからね。

現代文というのは、こういうふうに、与えられた「本文」によって答が変わる科目なんだよね。だから、〈客観的〉といっても、〈いつでも同じ〉という意味じゃない。これがわかればそれでかなり進歩したことになるよ。

じゃ、ここまでをまとめておこうか。ちょっと固く表現するけど、

現代文は、「本文」で言われたとおりに答える〈客観的〉な科目である。

〈客観的〉であるためには、「本文」によって答を変えなければならない。

☆ 現代文でしてはならないことは何だろうか

君らの中には、今の問一で「2」と答えるのに抵抗のある人がいるだろうね。そういう人は素直な善人だと思う。でも、答えるときにはそういう気持ちを押さえないと現代文はできるようにならない

んだよ。

というのは、なにも君らの考えをきいているわけじゃなくて、筆者が「本文」で言ったことは何かをきいているのが入試現代文だからだ。今の場合なら、筆者はこういう冷たいことを言う人だと思って答えればそれでいいんだよ。それであなたが冷たい人になるわけじゃない。

ついでだから言うと、答が「2」になるような本文があって、それについて自分の意見を述べて反対するというのは、「現代文」じゃなくて「小論文」という別な科目になるんだな。これが高校の授業では混ざってるから混乱するんだろうと思うんだけど、大学入試じゃこの二つははっきり区別されているから、

自分の意見を言うのは「小論文」であって、現代文ではそうしてはならない。

ということをよくわかってないと間違いのもとになる。

それから、例えば答が「1」になるような意見を今までに学校の先生や回りの人たちから聞いていたとしても、「本文」がそうなっていなければ「1」としたらだめ。

現代文というのは、習ったことを答える科目じゃないんだよね。ここが、例えば地理・歴史なんかと違うところ。どう答えたら正解になるかってことが、試験場に行って「本文」が与えられるまでわからないわけだよ。それから、昨日やった問題と今日やる問題では答が正反対になっちゃうこともあ

る。

だから、

現代文は、習ったことを覚える方法ではできるようにならない。

ということになるんだな。勉強というのは暗記するものだと思ってるんじゃ出来ない科目なんだよね。

ということは、問二の問題で「B　高校の科目で習っていないから。」は、当然間違いになる。もう一度言うけど、習ったか習わないかじゃなくて、筆者が書いたか書かなかったかで決めるんだからね。

☆意見の決められない事柄はどうするのだろうか

となると、問二の「C　人間の性質は簡単に言えるものではないから。」「D　どうとでも言えることの答を決めるのはかえってよくないことだから。」というのもおかしい。でも、これがおかしいということの理由はちょっと難しいぞ。

現代文というのは、筆者が書いた意見なら、内容がどうでもそれにもとづいて答えなけりゃならない科目なんだよ。前にも言ったけど、それについての自分の考えを言うんじゃなくて、筆者の意見は何かということに過ぎないからだ。だから、筆者が無茶苦茶なことを言ったら、無茶苦茶な選択肢を選べば正解になるわけ。君らにとってイヤなことを言ってたら、自分の嫌いな選択肢を選べばいいんだな。感情を出しちゃだめ。

僕の授業で、クラッシック音楽を批判する文章をやったときに、僕が筆者の意見に沿って内容説明してたら怒ったような顔して出て行っちゃった生徒がいたけど、それじゃどんな文章でも安定した成績を残せるというわけにはいかないね。

> 現代文では自分の感情を押さえて筆者が言ったことだけ答えればよい。

で、それが問二の「C」「D」がおかしいこととどういう関係があるのかだけど、今のことを逆に言えば、もし筆者が「人間の性質は○○だ」と書いてしまえば、「簡単に言えるものではない」はずの「人間の性質」も決まってしまうし、「どうとでも言えること」にも「答を決める」ことが出来ることになるからだ。

つまり、問一に何か筆者の意見が「本文」としてついていたんなら、その意見のとおりに答えなくちゃならなかったわけで、「簡単に言えるものではない」からとか「どうとでも言えること」だから答が出せなかったわけじゃないんだ。

あくまで「本文」がないから、答の「もと」になる筆者の意見がわからないので答が出せなかっただけなんだよね。

だから、普通なら意見が割れて決められないような事柄でも、現代文では筆者がある意見を述べていれば、それに従って答えなけりゃならないわけだよ。

結局、

> 筆者が書いたことは、内容がどうであっても、答の「もと」として考える。

ということになるな。

でも、誤解しないように言うけど、その筆者の意見はいつでも絶対的に正しいことなんかじゃなくて、今やってる問題を解く「もと」になってるだけだから、問題が終わったら無視してもいいんだよ。それどころじゃなくて、僕なんか授業中に筆者の意見をこっぴどくやっつけることが多いからね。かなり感情的になるよ。でも、答を出すときには、筆者が言った信用のならない言葉を「もと」にして説明しているわけだよ。

感情は、なくさなけりゃならないんじゃなくて、答えるときに出さないようにすればいいだけだ。

☆本文をもとにして答えるとはどうすることだろうか

じゃあ、今度は本文を「もと」にして答える練習をしようか。また問題の形式にするから、文章をよく読んでから、「本文をもとにする」ということに気をつけて考えてね。今度はまともな問題でちゃんと正解があるよ。

次の文章を読んで、後の問に答えなさい。

（注）楸邨（しゅうそん）先生には強烈な思い出がある。一時期、僕は旅行でご一緒になったことから楸邨先生のお宅にときどき出入りして話をうかがったりしていた。その頃のことである。

僕は、高校の時、「（注）古池や」について、閑寂（かんじゃく）な侘（わ）びの世界を表現した句だと習ったのだが、それがどうも抽象的な言い方でピンとこなかった。ところが、ちょうどその頃に何かの文章で、（注）太宰（だざい）が「あれは沼のようなどろどろの池にぬるぬるした蛙（かえる）がとび込んだもので、その惨（みじ）めったらしい音を聞いた芭蕉が、もういやになっちゃったという気分を表したものだ。」というようなことを言ったというのを読んで、なるほど太宰らしいと思った。そして、この解釈の方がずっと具体的で実感があると思ったのだ。

そこで、次に訪ねたときに、太宰がこんなことを言ったそうですよと楸邨先生に話してしまったのだ。もちろん、冗談のつもりだったし、先生も笑って相手にしないだろうと思っていた。ところが、先生は珍しく怖い顔をされて、「そうではない。あの句は、静物の代表としての古池と動物の代表としての蛙がその一瞬だけ触れ合ったことを言い留めたもので、その瞬間を逃せばもう静まって何事もなくなってしまうのだ。」というようなことを瞬時におっしゃった。稲妻に打たれる思いというのはこういうことをいうのだろう。

それ以前に、僕は先生から、「俳句は地球をまっぷたつに割るものであって、断裁力が必要なのだ。」ということをうかがっていたが、この時はじめてその意味がわかったような気がした。そして、まだ学生で生意気ざかりだった僕は、人が尊敬する楸邨先生をただのお爺さんくらいにしか思っていなかったのだが、やっぱり偉い人だったんだとつくづく感じ、この時から気安くは近づけなくなってしまった。

（注）楸邨……俳人加藤楸邨（明治三十八年～平成五年）。
古池や……江戸時代前期の松尾芭蕉の俳句「古池や蛙（かわず）とびこむ水の音」を簡単に言ったもの。
太宰……小説家太宰治（明治四十二年～昭和二十三年）。自分を惨めに表現するのが得意。

問一　次の中から「古池や」の句について最も適当なものを選び、番号で答えなさい。

1　松尾芭蕉は、俳句の本質を表すものとして「古池や」を詠んだ。
2　筆者の高校の先生は、「古池や」を一般的な言い方で説明している。
3　太宰治は、俳句そのものをよく理解して「古池や」を解釈している。
4　加藤楸邨は、俳句のあり方をふまえた上で「古池や」の理解を述べている。

初めに裏話からすると、この文章は今この本のために作ったんで、内容は僕の実体験なんだ。もう何の文章で太宰の解釈を読んだのか忘れちゃったし、そもそも楸邨（以下、「先生」は使わない）が「静物・動物」という言葉を使ったかどうかもはっきり覚えてない。だから、この文章に使われてる〈言葉〉は太宰治や加藤楸邨のものだと思わないで欲しい。でも、この〈内容〉だけはたしかなことだから、僕だけが聞いて人に伝えないのはもったいない話だと思って、問題として利用したわけだ。

さて、問のほうはどうだろう。本文を「もと」にして答えるわけだけど、説明をわかりやすくするために記号を使おうか。

○……本文に書いてある
×……本文と反対のことが書いてある
ナシ…本文に書いてない

まずはこの三種類の区別がつくことが大事で、基本的な問題ならこれだけで解ける。そして、このうち何が正解になるかと言えば、

〈正しい〉ものを選ぶときには、「○」が正解。
〈正しくない〉ものを選ぶときには、「×」が正解。
どちらの場合も、「ナシ」は答にならない。

ということだというのをしっかり覚えておくこと。

で、問一は「最も適当なもの」を選ぶ問題だから、「○」であるものを一つ探せばいいことになるね。一つずつ見ていこう。

「1」は、本文に芭蕉の考えなんか全く書かれてないんだから、これは「**ナシ**」。入試問題でひっ

かかっちゃいけないのは、こういう本文に書いてないのに「本質」なんて良さそうな言葉が使われてるやつだ。

教訓を書こう。

> 本文に〈内容〉として書かれていない良さそうな〈言葉〉を選ぶな。

変な言い方をするけど、芭蕉が「古池や」をどういうつもりで作ったかなんていうのは、現代文の問題としてはどっちでもいいことなの。重要なのは本文の筆者（この場合は僕だけど）が説明したことかどうかということだ。

だから、

> 何よりも「本文」の筆者の説明が「もと」になると思わなければならない。

ということになるね。（この場合は、芭蕉大先生より僕の方がエライのだ。ワハハ）

次に、「2」の選択肢はどうかというと、本文では「閑寂な侘びの世界を表現したものだと習ったのだが、それがどうも抽象的な言い方でピンとこなかった」と言っているだけで、高校の先生の言い方が選択肢にあるように「一般的」かどうかはわからない。だから、これもやっぱり「**ナシ**」。

でも、実際に君らも「古池や」についてこういうふうに習ったかもしれないね。それに、世間一般ではこういう言い方が多いことはたしかだ。それでもこの場合は「**ナシ**」なんだね。現代文は知識や常識で答えるものじゃなくて、何よりも「本文」をもとにしなけりゃならないからだよ。だから、前に書いたように、習ったことを覚えるような方法じゃ現代文はできないことになるわけ。

この本文には「抽象的」としか書いてないんで、どこを探したって「一般的」に当たる表現はないことを確認して欲しいね。「抽象的」というのは、この場合は〈はっきりわかりにくい〉のような意味で、「一般的」というのは〈世間でよく言われている〉のような意味だから、全然違うでしょ。

「3」は、ちょっと難しい。太宰治が「俳句そのものをよく理解して」いたかどうかを本文から判断しなけりゃならないからね。

そこで本文を見ると「なるほど太宰らしいと思った。そして、この解釈の方がずっと具体的で実感があると思った」と書いてある。ということは、「太宰らしい」だけであって、「俳句そのものをよく理解して」いたことにはならないね。むしろ、〈自分勝手〉に解釈してしまったと言える。それは（注）に「自分を惨めに表現するのが得意」と書いてあることからもわかる。自分がいつもやるように「古池や」も解釈しちゃったわけだな。

この〈自分勝手〉ということと、「俳句そのもの」のことをきちんと考えることは正反対だ。だから、これは「×」になるね。

ところで、初めは簡単に言ったほうがいいと思ったから「×」のことを「反対のこと」と書いたけど、もし理解できるなら「矛盾していること」と覚えたほうがいい。「矛盾」というのは、〈考え方がぶつかって、二つともは成り立たないこと〉だよ。

「4」は、加藤楸邨が「俳句のあり方をふまえた」上で、「そうではない。あの句は、~」と言ったのかどうかが問題になるね。これはこの部分だけじゃわからない。もちろん、楸邨が「俳人」だからといって、現代文では本文に証拠がなければそうは言えないんだよ。こういう点でも、勝手に知識・常識で判断しちゃいけないわけ。

じゃ、どこに目をつけるかというと、その次の段落の「それ以前に、僕は先生から、『俳句は地球をまっぷたつに割るものであって、断裁力が必要なのだ。』ということをうかがっていた」というところだ。ここから考えると、楸邨は、筆者が「古池や」についてきいたときにただその場で考えたことを答えたんじゃないということがわかるだろう。前から俳句がどういうものだということを筆者に説明していたんだから。だからこそ「瞬時に」答えることも出来たわけだよね。

そして、筆者の方も、「古池や」の説明からただその句の意味がわかっただけじゃなくて、「この時はじめてその意味がわかったような気がした。」と言ってるわけだから、その説明が「俳句」そのものの説明につながっていることを納得したわけだ。

この両方から、この選択肢は「○」だということになる。だから、これが正解ね。

でも、今の正解の出し方は、本文にそのまま書いてあることを選んだんじゃないよね。じゃあどうやったのかというと、

「本文をもとにする」とは、本文から素直に考えられるものを選ぶことである。

ということだ。ただ書いてあることを表面的に探しても答にはなかなかたどりつかないわけだよ。やっぱり、〈探す〉だけじゃなくて〈考える〉ことをしなくちゃね。

ついでに補っておくけど、もし、この問題が「最も不適当なもの」を選ぶ問題なら、正解は「3」になる。「×」を選ばなけりゃならないからね。こういう場合でも「ナシ」の「1・2」は正解にならないわけ。

でも、よくここまで読んだね。ここまで読めたということはかなりすごいよ。特に、今の「○」を出す部分は難しかったからね。もう大丈夫。自信をもって次に進める。

素直に
考えられる
もの

☆ 本文のどこが一番大事な部分なのだろうか

今の文章を使って、もう一つ問題をやろう。

問二 次の中から、本文全体の内容として最も適当なものを選び、記号で答えなさい。

Ａ 筆者は「古池や」をめぐるやり取りから楸邨の考え方がわかって偉いと思うようになった。
Ｂ 「古池や」の句は芭蕉の「もういやになっちゃった」という気持ちを表している。
Ｃ 太宰治と加藤楸邨を比べると楸邨の方が正しい考えをもっている。
Ｄ 加藤楸邨は、俳句は地球を割るものであって断裁力が必要であるという。

まず、問一でやったことを復習しよう。この中に本文からはわからないことを言っているものがあるね。どれだろう。これも考えてからページをめくること。

まず、今考えてもらった本文からわからないものは「C」だね。たしかに筆者は最終的に楸邨の意見に納得してるけど、どちらが「正しい」ということは言ってない。それに、この選択肢には「俳句について」と書いてあるわけじゃないから、何について「正しい」のかがわからないわけだ。ふつう、こういう選択肢が正解になることはないよ。

すべての問題に無理に「○・×・ナシ」を考えることはないけど、あえて言えば、「C」は「ナシ」だね。

次に、「B」は太宰治の意見であって、本当に芭蕉が「いやになっちゃった」という気持ちで「古池や」を詠んだかどうかわからない。その点で「ナシ」だ。

それに、「D」と違って、太宰が言ったということも書いてないから、その点でも選ぶことはできないね。

残るは「A」と「D」だけど、一見「D」が正解に見えるでしょ。でも、「A」が正解なんだな。

それは、この問題は「本文全体の内容として最も適当」なものをきいてるんで、そういう場合は筆者の結論や文章全体にかかわることが正解になるからだ。

もう一度本文の初めの段落をよく読んでよ。そうすれば、この文章は筆者が「楸邨先生の思い出」を書くためのものだということがわかるでしょ。そして、文章の最後も筆者が楸邨を偉いと思ったということで終わってるわけでしょ。

ということは、本文全体についてというんならば、そういうことが出てないとだめなんだな。だから「A」が正解になるわけ。

「D」も本文に書いてあるし、選択肢だけを読めば「A」よりずっと深い内容だよね。でも、これは本文の一部で楸邨が言った言葉に過ぎないでしょ。つまり、部分的なんだね。だから全体としての問題では正解にならないわけだよ。もどって「B」に太宰の言葉だと書いてあっても、やっぱりこの点で正解に出来ないね。

もし、最後が「僕は楸邨先生のこの言葉こそ俳句の真髄だと思った。」とでもなってれば、この言葉そのものが結論だと考えてもいいけど、実際には「やっぱり偉い人だったんだとつくづく感じ、この時から気安くは近づけなくなってしまった。」というように、楸邨という「人」についての感想になってるんで、「D」じゃ〈全体の結論〉にならないんだね。

でも、なんとなく納得しにくいでしょ。なにしろ「D」の方がいいこと言ってるように思えるもんね。でも、そこが現代文の落とし穴なんだな。

つまり、

「本文」で一番大事なのは筆者の〈結論〉であって、内容的に難しいところではない。

ということを知ってないと痛い目にあうわけだ。

じゃあ、その〈結論〉はどこを見ればわかるのかというと、たいていの場合は文章の最後で、次に最初が多いね。

もちろん文章によるからいつでもそうだと決めることはできないけど、最後と最初に気をつけなけりゃならないことはたしかだよ。特に、今のように最後が最初とつり合っているような場合はまず間違いないと考えていい。

文章全体を考える場合には、文章の最後と最初を見逃さないようにする。

ところで、今の問題の難しいところをもう一つ言うと、「A・D」は両方とも「○」だから選びにくいんだね。つまり、こういう問題では、部分的な「○」と全体的な「○」があるんで、それを見わけなけりゃならないわけだ。

だから、

> 全体の問題では「○」は一つとは限らないので、その中の最もよいものを選ぶ。

ということも知っておかなきゃならない。

2 現代文を解く道具はこれだ!

☆ 現代文で特に重要な言葉は何だろう

今までは、現代文で〈客観的〉に答える方法を説明してきた。それはわかったよね。本文に書いてあるとおりに答えることが基本で、そのまま書いてないときには本文から素直に考えられることが出てるものを選べばいいいんだったな。その話は一応終わりにして、ここから違う話に入ろう。

今までは〈内容〉が本文と合ってるかどうかって話だったけど、今度は〈言葉〉そのものが正しい使い方になってるかどうかだ。

なにしろ、文章ってのは言葉でできてるわけだから、言葉が正しくなけりゃ文章を正しく読んだり、それを「もと」にして解いたり出来るわけがないことはわかるだろ。

でも、言葉の全部なんか説明できるわけはないから、ここでは一番重要なものだけにしぼって説明するよ。この説明にはどうしても専門的な言葉を使わなきゃならないんで、それだけは我慢して欲しい。

まず、必要なものを並べて言っておこう。

現代文で最も重要な言葉は「助詞・接続詞・指示語」である。

☆「助詞」はどのように重要なのだろうか

今並べたものを大きく分ければ、一つの〈文〉の中で重要なものと、もっと大きく〈文章〉として重要なものになる。
このうち、一つの〈文〉として大事なのが「助詞」だ。「助詞」っていうのは「が・は・を・に・と・の・より・から・しか」なんかのことで、これがないとちゃんとした日本語にならないんだ。「接続詞・指示語」は英語にもあるけど、「助詞」は日本語の特徴だからね。

「助詞」は、一つの〈文〉をきちんとした日本語にするのに重要である。

そして、入試で言えば、これが特に重要なのは空欄補充問題のときで、どの助詞があるからどの選択肢が入るということが違ってくるんだ。

また問題でやってみよう。

次の文の空欄に入れるのに最も適当なものを後の中から選び、番号で答えなさい。

それは彼に会った直後のことだった。私は、長い坂道を歩いていた。その歩き方はそのとき絶望と［　］私にふさわしいものだった。

1　感じていた　2　おちいっていた　3　うちのめされていた
4　付き合っていた　5　立ち直っていた

前置きしてからやったからわかったかもしれないけど、そうじゃないと勝手に考えちゃうだろうね。でも、〈客観的〉ってことから言えば、「彼に会った」「長い坂道を歩いていた」なんてことだけじゃ、「私」が「絶望」してたのかしてなかったのかが、そもそもわかんないよ。これを勝手に決めちゃうんじゃやとても入試の現代文は出来ないね。

じゃ、どこで決まるのかって言うと、もちろん今説明してるのは「助詞」のことなんだから、「絶望と」の「と」なんだね。選択肢にある言葉で「と」が使えるのは一つだけなんだよ。

　ここでページを変えるから、もう一度考えてみるかい。ついでに、選択肢全部についてどの助詞が使えるか考えるといいな。

考えたかな。選択肢全部に助詞を付けて簡単な形で言うと、「を感じる」「におちいる」「でうちのめされる」「と付き合う」「から立ち直る」になるから、正解は「4」だな。「付き合う」じゃ人間と付き合うみたいでおかしいなんて思っちゃだめだ。それは〈比喩〉で人間みたいに言ったんだと思えばいいんだから。

そんなことより重要なのは、どの言葉はどの「助詞」と一緒に使われるのかってことだ。特に今出てきた「を・に・で・と・から」が区別できないと困るぞ。

かりに「絶望と感じていた」にしちゃったとしよう。すると、この文はたちまちわけがわからなくなくなっちゃうんだな。

どうしてかっていうと、「感じる」と「と」を一緒にして使うなら、「何を何と感じる」じゃなくちゃならないんで、その「何を」がないから意味がわかんないわけだよ。例えば、「そのとき自分の感情を絶望と□私」となってたんなら「感じていた」でいいんだけど、もとのままじゃ言葉が十分じゃないわけだ。だから、ちゃんとした日本語の〈文〉だと言えないわけだよ。

これが「とおちいる」「と立ち直る」の場合だと、何か様子を表す言葉が前になきゃならない。「がくんとおちいる」「しゃんと立ち直る」なんかなら通るね。でも、それは、それぞれ「絶望に」「絶望から」があった上でのことだ。これだけじゃだめなんだよ。

残りの「うちのめされる」の前に「と」が付く例はちょっと思いつかないなあ。なんかあるかもしれないから、君らも考えてみてね。

ところで、君らの世代は「助詞」の使い方が変わってきてるんで、ふだん話してるような感じで問題をやると、特に空欄補充が出来なくなっちゃうんだよね。

例えば、「ゲームとかあるだろ」「ゲームとかやろうか」「ゲームとかはまってるのかよ」なんていうふうになんでも「とか」を使ってると、さっきの場合でも「絶望とか感じる」「絶望とかおちいる」「絶望とか付き合う」ですんじゃうから、こういう言葉を細かく使う問題じゃお手上げになっちゃうわけだ。

もう一つ例をあげると、買い物をしたときに「千円からお預かりします。」って言う店員さんが多いけど、「から」を使うなら「千円から（代金を）ちょうだいします。」じゃないとおかしい。「預かる」なら「を預かる」だけどこの場合は省略するほうが自然だから、「千円お預かりします。」って言うべきだね。

こんなふうに、ふだんの言葉づかいはおかしいのが多いから、それに慣れてる君らが言葉の問題が出来ないのも当然なんだよね。これは簡単には直らないから、入試の現代文で一番苦しいところだと思う。

それに、君らどうしなら「私は絶望と感じていた」で意味がとおっちゃうかもしれないから、それで何が悪いんだと思うかもしれないな。たしかに言葉は変わってくもんだからそのうちにそれでいいことになるかもしれない。でも、この本では大学入試の現代文の話をしてるんだからね。今のままじゃ、入試問題が解けないわけだよ。それから、もっと後になって会社なんかで働くようになったときにも、ちょっとした文章を書くのに困っちゃうからね。

だから、「助詞」をちゃんと使えないとまともな日本語にならないってことだけはわかっておいたほうがいいよ。

でもね、僕は建前(たてまえ)だけで役にも立たないことは言いたくないから、ここで入試問題について正直なことを言っておこう。

〈言葉〉の問題は出来ないのが当然だから、ほかの問題で点をかせぐつもりになれ。

これは、言葉の意味をきく問題もふくめて言ってるんだけど、急に出来るようになれって言う方が無理なんだよね。僕はいつも授業で今みたいに言ってるよ。

だけど、かんちがいしちゃ困るのは、だから考えなくてもいいってことじゃないんだぞ。ちゃんと考えて解こうとしなけりゃいけないけど、それでも出来ないのは仕方がないんだから、出来なくてもがっくりしなくていいと言ってるんだ。

だから、前にやったような〈内容〉を理解して選ぶ問題でがんばろう。

ところで、今この本で僕は〈会話体〉で書いてるよね。これじゃ言葉をちゃんと使ってることにならないんじゃないかと思う人もいるだろ。だけど、「助詞」はちゃんと使ってるんだ。そうじゃなきゃ、人に〈説明〉することなんかできないからね。

例えば、「けれども」を「けど」にするようなのは、同じことを短くしただけだから〈文〉がわからなくなっちゃうことはないんだ。しちゃいけないのは、「けど」のところを「から」にするようなこと。これをしちゃうと〈文〉の意味が狂うからね。「行ったけど会えなかった」と「行ったから会えなかった」じゃ全く内容が違うだろ。

よく、「見られる」を「見れる」って言うような「ら抜き言葉」が悪いっていうけど、そんなのは長いのを短くしただけだもん。日本語が狂うわけじゃないよ。

そんなことより、「を・に・で・と・から」なんかの「助詞」を間違えないことだ。僕はこれは間違えないからね。君らも間違えるなよ。それから、なるべく「とか」は使わないほうがいいぞ。

☆ 特別な働きの「助詞」

「助詞」の最後に、特別な働きをするやつを説明しておこう。

A　僕が食べる。
B　僕も食べる。
C　僕は食べる。

問　右のそれぞれの場合、「僕」以外の人は食べたがっているかいないか、次の中から選び、番号で答えなさい。
1　食べたがっている。
2　食べたがっていない。
3　どちらだかわからない。

まずわかりやすいのは「B　僕も食べる。」だな。これは「も」だから、他の人と同じように自分も食べようとするわけだ。だから、「1　食べたがっている。」になるけど、これはさすがに出来ただろ。

「も」は、他と同じであることを表す助詞である。

ってことくらいは習わなくてもわかってるはずだもんね。でも、この「も」にどんな場合でも必ず気が付くのはかなりの実力者なんだぞ。それは僕の授業をとおして言えることだ。だから、まず、このわかりやすい「も」がいつでも利用できるようになることを目標にするようにね。例えば空欄補充問題なら、近くに「も」があればそれと同じようなものを入れればいいんだから。

「も」があることにいつでも気が付くことが、現代文上達のポイントである。

さて、次は「C　僕は食べる。」に行こう。これは言われないとなかなか気が付かないんだな。「も」と比べると、「は」っていう助詞は目立ちにくいからね。でも、おそろしく重要なんだぞ。特に入試現代文では。

「は」は、他と違うということを表す助詞である。

わかるかな。これは「も」の逆で、「は」があるときには何かほかに違う物事があるわけ。だから、答は「2　食べたがっていない。」ってことになる。つまり、「僕」は、皆がいやがって食べないような物を食べようとしてるわけだ。

ちょっと不思議だけど、「B」や「C」の場合は、他の人がどうだってことが書いてないのに、それがわかっちゃうんだな。それが「も」と「は」の特別な働きだよ。
書いてないことじゃや〈客観的〉じゃないじゃないか、と思うかもしれないけど、りっぱに〈客観的〉なんだよ。どうしてかって言うと、文章にはちゃんと「も」「は」という助詞が書いてあって、

「も・は」は、直接書いてないことまでわかる助詞である。

っていう性質が「日本語」にあるからだ。つまり、これは「日本語」の決まりの一つなんだな。だから、これは、わかりもしないことを勝手に読んだことにはならないんだ。安心して使っていいよ。

この二つに比べると、「A　僕が食べる。」ってのは、これだけじゃ他の人のことまではわかんない。つまり、人が食べたがってるのに「僕が食べる」とわがまま言ってるのか、人がいやがってるから「僕が食べる」と名乗り出たのかわからないんだよ。Aの文だけでそれをどっちかに決めちゃうのは、それこそ勝手な読み方だ。
だから、Aの答は「3　どちらだかわからない。」になる。そして、どうしてわからないのかって言えば、使われてる助詞が「が」だからだ。「が」は、そこに書かれてること以外の意味なんか表せないんだから。

でも、これは「が」が特別なんじゃなくて、「も」と「は」が特別なの。それ以外の助詞は書かれてないことなんか表せないからね。（実は、ほかにもいくつか特別な助詞の仲間があるんだけど、くどくなるから「も・は」だけにしとく。例として「さえ」だけ言っとくから、自分で例を考えてね。）

☆「接続詞」はどのように重要なのだろうか

さて、次は「接続詞」だ。これは一つの〈文〉の中で重要なんじゃなくて、〈文章〉として重要なんだな。〈文章〉っていうのはいくつもの〈文〉で出来てるわけだよね。逆に言えば、多くの〈文〉がいろんなつながり方をして〈文章〉になるわけだ。そのつながり方を決めてるのが「接続詞」なんだな。

簡単に言っちゃえば、

> 「接続詞」は、前の〈文〉と、後の〈文〉のつながり方を決める点で重要である。

ってことになる。だから、接続詞が空欄に入るときには、空欄の前と後がどういう関係になってるか考えればいいわけだ。

よく、口で言ってみて言いやすいのを入れるってやり方をするけど、それじゃちょっとましな問題になるともうできない。やっぱり考えて入れなきゃ。

☆ 基本的で重要な接続詞は何だろうか

さて、問題だ。

次の各空欄にそれぞれ適するものを後から選び、番号で答えなさい。

A　僕は疲れきっていた。[　　]、もう足が動かなかった。
B　僕は疲れきっていた。[　　]、まだ手を休めなかった。
C　僕は疲れきっていた。[　　]、歯がとても痛んでいた。

1　そして　　2　しかし　　3　だから

これは今までのに比べるとずいぶん簡単だったろう。全部正解の人も多かったんじゃないかな。でも、説明が難しいんだ。ここから先はよく読まないとわかんないぞ。

まず、〈順接〉〈逆接〉という言葉を覚えなきゃならない。

〈順接〉というのは、前のことから後のことが当然起こるつながり方をいう。
〈逆接〉というのは、前のことからは逆に思えることが後に起こるつながり方をいう。

説明するとこうなるんだけど、代表的な接続詞で覚えちゃった方が早いだろうね。

順接 …… だから、従って
逆接 …… だが、しかし、けれども、ところが

ここで特に注意するけど、「そして」は〈順接〉じゃない。小学校のころから「そして」と「しかし」を並べることに慣れてるんで、ちゃんと習わないかぎりは間違えちゃうんだ。
じゃあ「そして」は何なのかというと、これは難しいんで特別の言葉は覚えなくていいから、

「そして」は、前のことと後のことがただ順番につながっていることを表す。

ってことだけわかればいいよ。つまり、後のことが前のことから起こったり、前と逆になったりしないわけ。たまたまつながってるだけだってこと。

さて、じゃ問題はどうだったのかだけど、A・B・Cはそれぞれ前と後の文がどんな関係か、これを考えてやらないとしょうがないんだ。全部合ってたとしても、口で言ってみてうまくいっただけじゃだめなんだぞ。

だから、もう一度、今言ったことから考えてみてよ。

三つとも前の文は「僕は疲れきっていた。」だね。そこから考えて、Aの「もう足が動かなかった。」はどういう関係かというと、これは当然起こることでしょ。疲れきってたんならもう歩けなくなるのがふつうだもんね。つまり、前の文から後の文へ内容が素直に続くわけだ。こういうのを〈順接〉というんだから、Aの答は「3　だから」だな。

だとすれば、Bは〈逆接〉でしょ。前の「疲れきっていた」ってことからすると、後の「まだ手を休めなかった」ってのは逆に思えるもんね。疲れたんなら休めばいいんだから。そうなると、答は「2　しかし」だな。

この二つは、〈当然〉とか〈逆〉の関係があったわけだよ。じゃ、Cはどうかというと、「疲れきっていた」と「歯がとても痛んでいた」は、そのどっちにもなってないだろ。ふつうは疲れたって歯が痛くなるわけじゃないし、疲れるのと歯が痛いのは逆のことなんかじゃないからね。だから、Cの答は「1　そして」だ。

接続詞にはそのほかにたくさんあって、まだどうしても説明しなけりゃならないのもあるんだけど、とにかく、基本は今の三つだから、最重要なものとして必ず理解しておくようにね。

☆接続詞を選ぶのに順番があるだろうか

次に進む前に、いいことを教えよう。接続詞の空欄補充問題ってのはすごくよく出るんだけど、答になりやすい順番があるんだよ。

1　〈順接〉・〈逆接〉
2　その他
3　「そして」

だから、〈順接〉や〈逆接〉で考えてとおる空欄には素直にそれを入れておけばいいんだ。それでだめなら違うのを考えて、ほかのが使えないときだけ「そして」を入れるようにするわけ。

どうしてかっていうのは説明すると難しいんだけど、僕は理由なしで言うのはきらいだから、一応言っておこう。わからない人はわからなくていいよ。

入試に使われる文章は、詩みたいに感じたことを短い言葉で表したもんじゃなくて、ちゃんと頭で考えたことを順番に書いたものであるわけ。その〈考える〉ってことの一番基本が〈順接〉と〈逆接〉なんだよ。人間の頭の素直な働きなんだな。だから、それでとおるんなら、無理に複雑なものを入れなくてもいいんだ。

それから、「そして」は前にも書いたけど、前後にはっきりとした関係がないんだな。ただつながってるだけなんだ。だから、働きのはっきりした他の接続が使える空欄に無理に入れようとすることはないわけだよ。逆に言うと、ほかのものが使えなくても、文はつながることはつながってるんだから、「そして」なら入れられるわけだ。

ま、悪く言えば、「そして」ってのはわりといい加減接続詞だな。それに比べると、「だから」「しかし」は厳密な接続詞だから、特に入試の問題ではしっかりと〈順接〉〈逆接〉ってことを意識しながら使うんだぞ。

☆ 基本のものと間違えやすい接続詞

じゃ、次のグループに行こう。

D　私は知らずに涙を流していた。□、悲しい気持ちになっていたのだ。
E　私は悲しかったのではない。□、つらかったのだ。
F　私は今つらい気持ちでいるのだ。□、家族はいま頃どうしているだろう。

1　だから　2　つまり　3　しかし　4　むしろ　5　そして　6　ところで

今度のは、さっきの基本の三つと間違えやすくて重要なやつを選ぶ問題。

Dは、よく考えないと「1　だから」にしちゃいそうなんだけど、正解は「2　つまり」。「涙を流す」ことから「悲しい気持ち」になることが起こるわけじゃないでしょ。そうじゃなくて、これは同じことを違う言い方で説明してるわけ。ふつう「涙を流す」ときは「悲しい気持ち」のときだよね。ただ言い表し方が違うだけだ。こういうのをつなぐのが「つまり」や「すなわち」の働きなんだな。これを〈順接〉と間違えないようにね。

「つまり」「すなわち」は、前のことを言い換えて説明する接続詞である。

次に、Eは、「3　しかし」と間違えやすいけど、正解は「4　むしろ」。「悲しい」と「つらい」は逆じゃないでしょ。両方とも似てるんだけど、「つらい」と言った方が正しいってことなんだ。これは言い直しの接続詞なんだな。つまり、一つのことを言おうとしてるんだけど、初めにあんまり正しく言えなかったのを後で正しく言い直してるわけだ。これはよく〈逆接〉と間違えるし、ものすごくよく出題されるから、しっかり区別しないとまずいよ。

「むしろ」は、前の言い方を正しく言い直す接続詞である。

それから、Fは、前後の事柄があんまり関係ないよね。じゃ「5　そして」かというと、それでもおかしいんだ。っていうのは、「そして」はたしかにただつなぐだけ接続詞だけど、場面や文章の向きが変わることはないんだよね。さっきの「疲れきっていた」と「歯がとても痛かった」にしても、悪いような方向に向かっていることは同じでしょ。

こういうときは、「6　ところで」がうまい。この接続詞は、場面や話を前と変えるのに使うんだ。話をそらすと言ってもいい。接続詞の問題っていうと、どうしてもつなげることを考えちゃうんだけど、これはつなげないための接続詞だから、ちょっと変わってるね。

「ところで」は、場面や話を変える接続詞である。

☆ 似た形で間違えやすい接続詞

あと二つだけ説明しよう。これは形が似てるんで区別できない人がいるやつだ。

G　私は泣いていた。［　　］、笑ってもいた。
H　私は泣いていた。［　　］、目から水を流していた。

1　また　　2　または

この問題は、選択肢の方から説明しよう。

「また」は、事柄を並べるための接続詞なんだ。二つのことがいっしょに起こってる場合なんかに使う。「つまり」みたいに同じことをつなぐんじゃなくて、違うこと二つを同時につなぐ点が重要だ。

「または」は、二つのうちどっちかを選ぶための接続詞。それから、同じことを違う言い方をして、そのどっちかをを選ぶ場合にも使う。

そうすると、Gは、「泣く」と「笑う」は違うことだけど、同時に二つとも起こりうることだよね。泣き笑いってのがあるからね。だから、「1　また」が正解だ。

Hの場合は、「泣く」と「目から水を流す」はどっちもおんなじことでしょ。言い方を変えただけだな。だから、「2　または」だ。

> 「また」は違う事柄を並べるとき、「または」はどちらかを選ぶときに使う。

ところで、もしこの問題の選択肢に、「しかし」「そして」「つまり」なんかがあったら困る。今のは、二つの選択肢しかないからできたんだ。

もうややこしくなるから説明はなしにするけど、Gには「しかし」「そして」、Hには「つまり」も使えるってことだけ言っておこう。自分で考えてみるといいな。

☆〈逆接〉の接続詞の重要な使い方

これで、おもな接続詞は見たんだけど、戻って〈逆接〉の接続詞のすごく重要な使い方を説明する。
これを知らなけりゃもう入試じゃアウトというくらい重要なこと。

私は彼の言葉を聞いてショックを受けた。そして、絶望を感じた。だが、その様子は外見には現れていなかったはずだ。

問 右の文章で最も重要な部分はどこか。次の中から選び、番号で答えなさい。
1 私は彼の言葉を聞いてショックを受けた。
2 絶望を感じた。
3 その様子は外見には現れていなかったはずだ。

これは一つの原則を知ってれば考え込む問題じゃないんだ。正解は「3」。
どうしてかって言うと、

〈逆接〉の接続詞は、そのあとの内容が重要であることを示す。

っていう絶対的な性質があるからなんだな。

そこからもう一つ、

〈逆接〉の接続詞の前の事柄は、その文章で重要性がない。

ってことも言えることになる。つまり、前にどんなに大事そうなことを言ってたように見えても、〈逆接〉が出てきちゃったらそれでおしまい、ってことだ。

〈客観性〉の説明のところで、本文をもとにするってことを言ったけど、ここでちょっと付け加えよう。

「本文」の重要性のある部分を「もと」にしなければならない。

それから、この原則は空欄補充問題でもよく出てくる。

問　次の各空欄に入れるのに最も適当なものをそれぞれ後から選び、番号で答えなさい。
私の顔は［A］暗かっただろう。［B］、気持ちは明るかったのだ。
1　そして　2　しかし　3　だから　4　とても　5　たしかに　6　それほど

まず、Bに〈逆接〉が入ることはわかるだろ。「暗かった」と「明るかった」が逆のことだからね。だから、ここの答は「2　しかし」だ。まさか、「1　そして」や「3　だから」を選ばなかっただろうね。たのむよ。

問題はAのほうなんだけど、これも原則を知ってればそれまで。正解は「5　たしかに」。

これはさっき説明した〈逆接〉の働きを強める言葉は何かっていう問題なんだな。そして、そういう言葉の代表が「もちろん」「たしかに」なんだ。

だから、「もちろん〜しかし」とか「たしかに〜けれども」って組み合わせになることが多くて、それが空欄補充問題でよく出るわけだよ。実際には今みたいに両方空欄になってることは少ないから、どっちかを空欄の近くにみつけたら、その片方を入れればいいわけだ。

> 「もちろん」「たしかに」は、〈逆接〉と組み合って、その働きを強める。

☆「指示語」はどのように重要なのだろうか

さて、〈現代文で特に重要な言葉〉の三つ目、「指示語」に行こう。

「指示語」ってのは、「こそあど言葉」なんて言い方で小学校の頃から習ってるはずなんだけど、入試の現代文で重要なのは「これ」「その」みたいに、「こ」「そ」が頭につく言葉だ。これが文章のどこか他のところを〈指す〉働きをするんだな。

文章は〈文〉と〈文〉がつながってないとしょうがないわけだよね。それをつなげるのに「接続詞」があるわけだけど、あれは前の〈文〉と後の〈文〉をつなげるだけなんで、わりと働きがせまいんだ。

そうじゃなくて、何かの言葉や場面なんかをもっと自由につなげていこうってときには、

「指示語」は、他の言葉を〈指す〉ことで文章をつなげる。

って働きを利用するんだな。人で言えば、「接続詞」は手と手でつながるだけだけど、「指示語」はほかの人の頭にさわったり足をつかんだりしてつながれるようなもんだ。

☆「指示語」はどこを〈指す〉のだろうか

問題をやろう。

私は人でにぎわっている休日の大通りに出て、彼がゆっくりと歩いて来るのをながめながら待った。それはふだんと変わらない私の日課だった。部屋の片付けをしてから出て来るのだ。

問　右の傍線部「それ」は何を指しているか。次の中から選び、番号で答えなさい。

1　人でにぎわっている
2　休日の大通り
3　ゆっくりと歩いて来る
4　ながめながら待った
5　部屋の片付けをして

「指示語」の問題をやるときには、まず、

「指示語」は、前を指す。

ってことを知っておかなきゃならない。

後ろを指す場合がないわけじゃないんで、例文を作れば、「私はそれを聞きながら流れている曲の題名を思いだそうとしていた。」なんて場合だな。これは後ろの「流れている曲」を指してるんだ。でも、これは〈同じ文〉の中の場合なんで、〈文〉が切れてからその後を指すことはまずないと思っていい。あってもよっぽど例外だから、この本をやるくらいの人は気にしなくていいよ。

そうすると、「5　部屋の片付けをして」は指さないってことになるな。「～私の日課だった。」で〈文〉が切れた後のことだからね。これは初めっから考えなくていい。

残りの「1」～「4」は、指示語より前にあるからどれもありうるわけだ。

ここで「指示語」問題を解く〈秘伝〉を教えよう。

> 「指示語」は、その下に続く言葉を探してから考える。

つまり、今の場合だと「それは」がどこに続くかを、まず考えるんだ。途中に「ふだんと変わらない」があるけど、結局「私の日課」に続いてるってのがわかるかな。「それは～私の日課だった」になるわけだよ。ここをしっかりと探しておくんだ。そのあとで、その「私の日課」にあたるもんを前から探せばいいわけ。

そうすれば、「1　人でにぎわっている」「2　休日の大通り」「3　ゆっくりと歩いて来る」は関係ないでしょ。「私」のことじゃないもんね。「私」のことなのは「4　ながめながら待った」だけだから、これは簡単だよ。「待つ」ことは毎日できるから「日課」になるしね。正解は「4」だ。

図示すれば、

～ながめながら待った。それは　ふだんと変わらない　私の日課　だった。

ってことだな。

ついでに言えば、「ふだんと変わらない」ってのは、「休日」なのにってことだ。

ところで、もし今の文章で、「それはふだんと変わらない調子だった。」だったら、正解はどうなると思う。

その場合は、「それは～調子だった」って読めるから、「調子」にあたるものを選ぶわけだ。これはちょっと考えなきゃならないけど、「調子」って言えるのは何か動きのある場合でしょ。だから、これは「3　ゆっくりと歩いて来る」になるね。「1」の「にぎわっている」ってのは「早い」とか「ゆっくり」ってのと違うから「調子」にはならないな。

～ゆっくりと歩いて来る　～　それは　ふだんと変わらない　調子　だった。

それから、この場合だと「ふだんと変わらない」ってのが特別な意味をもつことになるぞ。今は休日で人出が多いから「ゆっくりと」歩くのは当然だろうけど、それが「ふだんと変わらない」んだから、「彼」は人が少なくても「ゆっくりと」歩いてるんだってことがわかるわけだ。

☆〈まとめ〉の「指示語」

「指示語」の中には、どこかを〈指す〉んじゃなくて、全体を〈まとめる〉働きをしてるやつがある。これがまた重要なんだ。

アメリカは近代に始まった国である。それに対して、ギリシャ・イタリア以外のヨーロッパの国々は中世に始まったと言える。このように、世界には古代をもたない地域が多いのだ。

問 右の文章の内容として最も適当なものを次の中から選び、番号で答えなさい。

1 アメリカは近代に始まった。
2 多くのヨーロッパ諸国は中世に始まった。
3 ギリシャ・イタリアは古代をもっている。
4 世界には古代をもたない地域が多い。
5 日本は古代をもつ例外的な国である。

まず復習をすれば、「5」なんか書いてないから答にならないのはわかるよね。これを選んだんじゃ〈客観的〉にならない。

残りのうち、「1」と「4」ははっきりそう書いてある。「2」も書いてあることの表現をちょっと変えただけ。こんなことはよくある。「3」も、「ギリシャ・イタリア以外の～中世に始まった」を逆から考えれば言えるから、書いてないとは言えない。

さて、じゃあ何が決め手かというと、

「こうして」「このように」には、〈まとめ〉の働きがある。

って性質を使うんだな。

現代文では、文章の途中のことじゃなくて、〈まとめ〉になってる部分に書いてあることが重要なんだな。だから、今の場合は、「このように」の後にある「4　世界には古代をもたない地域が多い。」が正解になるわけだ。

☆ 入試問題の〈約束〉

ついでに、入試問題の〈約束〉のようなものを説明しておこう。

今の問題は「右の文章の内容として最も適当なものを」ってきいてるわけだけど、こういう場合は、文章の一番大事なところを答えるのが正解ってことになってるの。

「内容」だけなら「1・2・3」だって「適当」なわけだけど、「最も」とか「一つ」とかいう場合には、この〈約束〉に従わなきゃ正解にしてくれないわけ。

だから、文章の途中に傍線が引いてある問題なら別だけど、

> 単に文章の内容をきく問題では、〈まとめ・結論〉の部分を答えなければならない。

ってことを覚えておかなきゃならない。

この〈約束〉があるから、〈まとめ〉の「こうして」「このように」が重要なわけだよ。

ところでね、もし難しいことを知ってる人がいると疑問に思うだろうから、ちょっと断っておく。

この部分はわかんなくてもいい（し、読みとばしてもいい）からね。

前に説明した「助詞」「接続詞」は、文法的に言うと〈品詞〉なんだな。〈品詞〉ってのは、全部の

言葉を性質の違いで分けたもんで、日本語には十の品詞がある。並べてみようか。「名詞・動詞・形容詞・形容動詞・副詞・連体詞・接続詞・感動詞・助詞・助動詞」だ。

それに対して、「指示語」は一つの〈品詞〉じゃなくて、「これ（名詞）・このようだ（形容動詞）・こう（副詞）・この（連体詞）」ってぐあいに多くの品詞にまたがってるんだ。

だから、僕の言う「助詞・接続詞・指示語」って並べ方はたしかに変なんだよ。でも、この本は〈文法〉をやってるんじゃなくて、現代文の苦手な人のために書いてるんだから、重要なものは同じように並べた方が分かりやすくていいと思ったんだ。

☆「のだ・のである」の働き

これで重要なものが三つ終わったんだけど、この中に入らなかったやつで、もう一つ重要なのがあるから、追加で説明しておこう。

よく文章の終わりが「～のだ。」「～のである。」になるでしょ。これはなんでもないみたいだけど、場合によっちゃすごく重要な働きをしてるんだよ。

「のだ・のである」は、後ろから前を〈説明〉する働きをもっている。

って性質が使える場合だな。これも後ろと前の関係だから、〈文章のつながり〉になるわけだよ。

だから、これがあったら、前の方と関係があると思わなきゃならないんだな。

その日は雨が降っていた。嫌いな風も吹いていた。金ももっていなかった。僕は約束の場所に行かなかった。行く気がしなかったのだ。

問 傍線部で、「僕」はなぜ「約束の場所に行かなかった」のか。理由として最も適当なものを次の中から選び、番号で答えなさい。

1 雨が降っていたから。
2 嫌いな風が吹いていたから。
3 金をもっていなかったから。
4 行く気がしなかったから。

この問題で、もしさっき説明したことを知らなかったらお手上げだろうね。こんな答が〈客観的〉に決まるのかと文句を言いたくなるかもしれない。

でも、傍線部の後ろの〈文〉が「～のだ。」になってるから、これで決められるわけ。筆者が傍線部を後ろから〈説明〉してるんだから、それを答にすればいいんだよ。だから、「4　行く気がしなかったから。」が正解。

「2」の「嫌いな」にひっかかったかもしれないけど、それはただ書いてあるだけで、「のだ」みたいに傍線部と直接つながってるという証拠はない。「のだ」なら前とつながるのが役目なんだから。

「のだ・のである」は今みたいな問題で利用するから、

> 傍線部や空欄の後ろに「のだ・のである」があれば、それで問が解ける。

って言っちゃったほうが簡単だな。これで覚えておくといいよ。

☆〈根拠〉とはどういうものだろうか

じゃ、今の文章で、どうして「行く気がしなかった」のかってきかれたら、今度はわからない。「雨が降っていたから行く気がしなかった」「嫌いな風が吹いていたから行く気がしなかった」「金がないから行く気がしなかった」のどれだって考えられる。その三つが組み合ってるとも考えられる。それを勝手にどれかに決めたら〈客観的〉じゃなくなっちゃう。そんなことが決められるようなものが文中にないんだから。そういうのを、〈根拠がない〉っていうんだ。

それに対して、今の問題には〈根拠がある〉でしょ。「のだ」が傍線部の後ろにあるわけだからね。だから、入試に役立つように言えば、

> 文章にはっきりと書かれていて、問題を答えるのに役立つものを〈根拠〉という。

と思えばいいな。これは前には〈もと〉って言っておいたやつだ。それをちょっと難しい言葉で言ったのが〈根拠〉ってわけだ。

だから、この言葉を使って〈客観的〉の説明をすれば、

文中に〈根拠〉があって答えることを〈客観的〉という。

ってことになる。

これをさらに、問題の考え方として標語みたいにしておくから、次の言葉をいつも忘れないようにすれば、現代文はずいぶん出来るようになるよ。

文中に〈根拠〉を求めよ。

3 現代文、ここまでわかれば立派！

☆〈論理的〉とはどういうことだろうか

さあ、説明も最後の段階になった。

この本の最初のほうで、現代文の性質として〈論理的〉ってことがよく言われるって書いたよね。それが、もう一つの〈客観的〉と比べるとなかなかわかりにくいんで、今まで言わなかったんだ。

でも、ここまでの間に説明してあるんだよ。つまり、「助詞・接続詞・指示語」に注意して、日本語としてちゃんと文章が〈つながる〉ようになってるってことが〈論理的〉なんだ。

「助詞」がちゃんとしてないと一つの〈文〉の中の〈考え方〉が分からなくなっちゃうし、「接続詞・指示語」を間違えたら、〈文章〉の〈つながり〉がおかしくなっちゃう。そうなったら〈論理的〉じゃないわけだ。

でも、こういう言い方だけじゃ〈論理的〉って言葉がピンとこないだろう。だから、ちょっと難しくなるけど、言葉の意味を説明しよう。

現代文の説明の部分はここでおわりだから、もう少しがんばって読んでよ。

〈論理的〉の前に、〈論理〉って何だ。そもそもこれを説明しないで〈論理的に読め〉って言ったってわかりっこないよね。

〈論理〉とは、順番に考えていけばわかるような筋道のことをいう。

つまり、感じたりひらめいたりするんじゃなくて、頭で〈考える〉ことでわかるような〈筋道〉のことだ。

そうした〈筋道〉を正しくたどらなきゃならないわけだけど、それが誰にもわかるようにするには何か交通標識のようなものがいるでしょ。それが「助詞・接続詞・指示語」だよ。

つまり、文章のところどころで、あっち向きに読めこっち向きに読めってことを読者に教える方向指示機みたいなもんだな。それにちゃんと従っていけばいいわけだよ。そうすれば〈論理〉を正しくたどれるわけだ。

だから、書くほうにとっても、読むほうにとっても、

「助詞・接続詞・指示語」は、〈論理〉を正しくするためにある。

ってことになるな。

次に、〈的〉がついて〈論理的〉ってのはどういうことかっていうと、何かの性質をもってたり何かの状態になってたりするときに〈～的〉って言うんだから、

考えが順番にわかりやすくとおっているような状態を〈論理的〉という。

ってことになるわけだ。〈論理〉の正しく通った状態だな。

逆に言うと、順番に考えてっても、前と後ろがどうして続くのかわからないようなものは〈論理的〉じゃないわけだよ。

それから、自分だけわかってて人には説明できないようなのも〈論理的〉じゃない。だから、途中がとんだりしてちゃいけないわけだ。その中でもどうしようもないのは、言葉に出して言わないことだ。言葉にしなけりゃたいていの人にはわからないんだから、言葉になってないものが〈論理的〉なわけはないよ。

だから、入試現代文では、言葉で書かれてることだけを追っかけていけばいいんだ。書かれてもない気持ちなんかを汲み取る必要はないんだぞ。そういうのは問題として出ないから、書かれてることからわかることだけを考えればいいの。

これは〈客観的〉にもかかわることだな。言葉に書かれていなけりゃ〈根拠〉にすることはできないからね。

だから、まとめて、

言葉として書かれていることだけを考えるのが〈論理的・客観的〉になる方法である。

ってことになる。

そして、そういうときに日本語で一番重要なのが「助詞・接続詞・指示語」(と「のだ・のである」)なんだな。これがわかってれば、この本を読むレベルとしては十分すぎるくらいだよ。

☆〈論理的〉に〈読む〉練習に必要なことは何だろうか

さて、今までで〈論理的・客観的〉に答えることは大体説明した。

残ってるのは〈論理的に読む〉ことだ。本当ならこれが先にこなきゃおかしいんだけど、これは説明が長くなるんだよ。だから、先にやったら読んでもらえなくなっちゃうんで、後回しにしたわけ。

どうして長くなるのかっていうと、〈読む〉には今までみたいなこま切れの例文じゃだめなんで、ちゃんと入試問題なみの長さでつながった文章を使わなきゃならないからだよ。文章が長けりゃ説明も長くなるよな。

じゃ、どうして〈読む〉には長い文章を使わなきゃならないのかっていうと、一問一問〈解く〉のと違って、長くつながってる文章を根気よく追っかけてくことが必要だからだ。その〈根気〉を養うのに長さが必要になるわけだよ。

いくら解き方を習っても、もともとの文章を読み通せないんじゃどうしようもないからね。

それから、文章の〈論理〉ってのは、全体でとおってるものなんで、ただ部分だけを見たんじゃ〈論理的〉に読んだことにはならないんだよ。

だから、あわせて、

〈論理的〉に〈読む〉には実際の長さの文章で練習しなければ効果がない。

ってことなんで、これはもう今までのような調子じゃ出来ないから、ここで大きくやり方を変えて「第二部」に移ることにする。

「第二部」では、まず実際の入試のように問題全部をやってもらう。それから、僕がその全体を説明する。その説明をとおして、〈論理的に読む〉〈客観的に解く〉ってことをわかってもらうようにするつもりだ。

そこで、やり方なんだけど、問題は別冊になってるから、それを本冊からはずすんだ。

そうして、説明を読むときには両方を照らし合わせながら見てくわけだよ。そうすれば、いちいちページを前にめくって見たりしなくていいから見やすいでしょ。この、問題のほうを別冊にするってのは僕が『現代文講義』で初めてやったんだぞ（と、自慢してしまう）。

問題をやるときには、途中で傍線部や空欄が出てきても、我慢して設問を見ないこと。まず、最後まで文章を〈読む〉ことをしなきゃいけないから。途中でほかのことに気をとられるとちゃんと読めなくなっちゃうんだよ。文章を二回くらい読んでから設問をやることね。

文章を〈読む〉ときには設問を気にしてはならない。

さ、ここまででずいぶん入試現代文の雰囲気に慣れただろ。それをほんとの力にするのが「第二部」だからね、そう思って最後まで〈根気〉よく進むんだぞ。

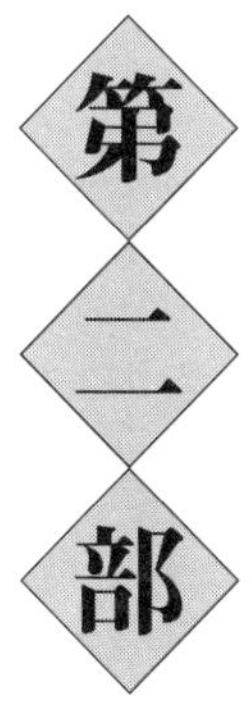

第二部 入試現代文に挑戦しよう

では、始めよう。問題のほうもちゃんと開いているか。解説では何段落とか何行目って書くことが多いから、それを問題のほうでよく見て追っかけてくるんだぞ。

「第一部」の最後に、設問は文章を全部読んでからやれって書いたけど、解説のときはその場所で説明したほうがわかりやすいから、できるものはやっていくことにする。でも、これは〈解説〉だからだぞ。〈読む〉ときはだめだよ。

単語については、必要な言葉についてはそこで説明して、文章の主題や設問にかかわらないものは省略する。実際の試験でも、わからない言葉がありながら読み進んで設問を解いていくことができないといけないから、不親切なようだけどそういうことにしたんだ。

さて、解説にいくけど、文章を読む前にまず題名を確認しておくのが重要なことなんだな。主題が端的に示されているのが題名だから、読む前に何を言いたい文章なのかがわかるところがポイントだ。役に立たないことも多いけど、とにかく最初に見るようにする癖をつけるんだぞ。ここでは「日本語を生きること」だ、いいね。

では、段落ごとに説明していくけど、そのつながりをよく理解することが肝心なんだぞ。

第一段落は、「日本人の言語以前の感性の中には」で始まっているけど、この「以前」というのは、〈言語ができる以前〉じゃなくて、〈言語として表現する前の〉という意味なんで、それが次の行で「そういう感受性も〜日本語によって培(つちか)われてきた」と述べられているから、ここで題名とつながったのがわかるかな。簡単にいえば、日本語が日本人の感性を作ってきたということだ。

そのあとはテレビのコマーシャルを例にして、外国と日本との違いが説明されている。これが**次の段落**につながっているけれど、この二つの段落が「だけど」という〈逆接〉の接続詞でつながっていることが重要だぞ。つまり、ここでは外国と日本は反対の関係にあるということだ。これを単語で見てみると、外国のは5行目の「論理的」、日本のは6行目の「詩的」の対比がわかりやすいな。

さて、その**次の段落冒頭**に**空欄A**があって、**問一**で接続詞を入れる設問になっている。そこで、前後を見ると、どちらも日本のコマーシャルのことで、この段落末にも「詩的な感性」とあるから、この二つは同じような事柄が〈並列〉されていることになるのがわかるかな。それを表わす接続詞は、「6　それから」だ。「また」と同じ働きだな。

18行目の段落から、「短歌・俳句」という別な事柄が出てくるけれど、ここで見逃しちゃいけないのが、傍線部①の「それは〜ともかかわりがある」の「も」だ。いいかい、最重要とも言っていい助詞が出てきたんだぞ。これは前後が〈同類〉関係で結ばれるということだから、前のコマーシャルと本質的に同じことが続くということを一字で表わしているというすごい働きだ。ちょっと言っておくけど、文章で、特に設問にかかわる「も」を見逃さないようになれば、かなり立派な実力がついていると思っていいよ。

じゃあ、**傍線部①の問四**をやってみよう。まず、指示語「それ」があるので、指しているものを探してみると、前段落末に「〜の中に〜詩的な感性が〜ある」とあって、この「詩的な感性」は第一段落から続いている言葉だから、今説明した「も」の働きに合っているのがわかるかな。ここは指示語問題そのものではないからくわしく考えなくてもいいけど、とにかく「詩的な感性」が中心語となっていることは確かだ。そうなると、選択肢のうちでは1か5に絞れる。こういうふうに、絶対必要な重要語がわかると、選択肢を全部くわしく検討しなくてもよくなるから、時間的にもすごく有利なんだぞ。大学入学共通テストなどの選択肢問題ではぜひ使いたい方法だ。

で、1と5を比べると、「日本語」という題名にかかわる要素は共通していて、大きな違いは5に「日本人」という要素があることだ。これを検討してみると、同じ段落末に「日本人に合っている」とあるし、文章そのものの出だしが「日本人の〜」で、2行目には5と同じ「培われてきた」とあるんだから、こちらのほうが根拠が強くて「5」が正解。

22行目からの段落は、「そうした」で始まっているから、やっぱり前を受けている。「そうした詩的な見方」というのは、「見方」にはっきり合う表現が前段落にはないけど、指示語でつながれているんで、傍線部①より後の部分を受けていると考えていいだろうね。それをこの段落としての内容でまとめているのが、段落末の「利害とは関係のないところで世界を見る見方」だ。

25行目からの段落には**空欄B**があって**問二**になっているけど、その上に「それを」とあるのに注意しろよ。これは、いま前段落としてまとめていると書いた部分を指しているんだ。で、これは22行目初めの「そうした詩的な見方」を言い換えたものだったな。ここからすると、「詩的」なものと言えるのは、「5　風流」と「6　風情」に絞れるぞ。それで、もう一度指示語のさしている端的な言葉が「見方」だっていうことに気づけば、これは人間の側にあるもので、物の側のことではないことがわかるな。そうすれば「5　風流」を選ぶしかなくて、これが正解。「6　風情」は物の側にある事柄だからだってことをよく理解してよな。そのほかでは、段落末に「巷（ちまた）」の人たちのあいだにも感性として受け継がれている」とあって、「巷」というのは「俗世間（ぞくせけん）」のことだから、「1　脱俗」や「2　超俗」はまったくの「×」。

空欄C（問一）で始まる段落は、短歌・俳句という18行目から続く題材を「韻文（いんぶん）〈リズムを主とする文、広い意味での詩〉」と言い換えているだけで、内容は前からの流れを受けているから、〈逆接〉の「1　しかし」や「2　ところが」は「×」だよな。で、残りでまず考えなきゃならないのは、〈順接〉の「3　だから」だ。これは接続詞を選ぶ順番として第一部で示しておいただろ、覚えてるかな。これで通るなら決まりだよ。あとはそれからのことだ。

そこで、そういう関係になれそうな事柄を前後に探してみると、23行目下から「利害とは関係のないところで世界を見る見方」とあって、間に段落が一つはさまっているけど、さっき見たように、「利害とは~見方」は空欄Bの上の「それ」で受けられているから、内容的に連続して使えるな。そして、31行目には「ごちゃごちゃしたせめぎあう日常の感情から一瞬離れることができて」と言っている。この二つの関係を考えてみると、「利害とは関係のない~見方」をもつなら、「ごちゃごちゃ~から一瞬離れることができ（る）」と言うのは無理なく導ける関係だろう。つまり〈順接〉が成り立つんだから、正解は「3　だから」になって、あとは考えなくていいんだ。なあ、便利だろう。

34行目からは、題材が今までの短歌・俳句から離れる。まず注意するのは、34行目の「短歌、俳句で~けれども、~」の「けれども」だ。これは〈逆接〉の助詞だから、この前後は何かが反対の関係にあるはずだな。でも、文章内容としてはこれまでのことを逆転させたようには読めなくて、そのまま続いているようだろう。となると、短歌・俳句で言われている一つの表現が逆のものになる可能性が高いな。そうすると、ここでは「はっきり形として目に見える」という表現が目立つだろう。この逆を**問三（空欄D）**の選択肢から探すと、けっこう候補が多いから、これが今回の一番の難問かな。何か文中に根拠となる記述がないか探してみる必要があるけど、それが遠いんだよね。結論から言うと、16行目下からの「日本人の深層意識の中に一種のそういう詩的な感性が非常に濃くある」ってところだ。ここだと、空欄の前の「詩的」「日本人」ということと重なってるだろ。それで「はっきり形として目に見える」の反対となると「深層意識」ということになるのがわかるかな。選択肢の中からこれに適するものを選べばいいわけだけど、正解は「2　潜在的」になる。それなら表にはっきりとした形として見えないだろう。ここで間違えやすいのは「4　意識的」だけど、「深層意識」じゃなくて単に「意識的」だと、かえってそれをはっきり表に出していることになってしまうから「×」なんだ。「6　知覚的」なんてのは、問題外の「×」だな。

39行目からの段落は、音楽の話になっているけど、41行目に「あれも」とあって、その後の内容は前の短歌・俳句のことと同じだから、流れは変わってない。

最終段落は、「こうしたことを」と前をまとめて、それらが「詩的なものへの欲求」だと言っている。そして「散文（リズムに頼らない文）と詩の対立」を軸に残りの文章が書かれている。ならば、**傍線部②の問五**は、直接に考えるよりも、「詩」と対立するものを選ぶのがいいってことになるんだな。ここで重要なことを一つ言っておくと、〈最終段落は第一段落とつながりやすい〉ということだ。ここでも、第一段落と「詩」でつながっているのがわかるだろ。そこでは「感性の中には」とあるんだから、それと反対になるようなものが「散文的」の説明としてふさわしいな。それと、その段落後半の「外国・論理的」と、6行目の「日本・詩的」が、前に説明したように「だけど」でつながれているんだから、反対関係になるわけだ。そうしてみると、ずばり「4　論理的に組み立てられた思考性」が正解になるぞ。傍線部の後に、散文の最も極端な形として「コンピューター言語」があげられていることからも、これがいいとわかるだろ。

解　答

問一　A＝6　C＝3
問二　5
問三　2
問四　5
問五　4

どうだった。問題文より僕の解説を読むのが大変だったんじゃないか。こういうのが、第一部の最後の〈論理的に読む〉ってことの説明なんだ。「助詞・接続詞・指示語」がみんな出てきただろ。こういうものをちゃんとおさえながら読むんだな。そうすれば〈客観的〉に答えられるんだよ。これが自分だけで少しでもできるようになるのが目標なんだ。そのために、がんばってこのあともついてくるんだぞ。

ついでに言うと、この解説で途中を一行空けたところが二カ所あるだろう。「**18行目の段落**から〜（P77）」と「**34行目**からは〜（P80）」だ。本文全体を大段落に分けるとすれば、その二カ所で切れて三段落になっているんで、もし段落分け問題があったらこの三段落になるというわけだよ。この本には段落分け問題が含まれてないから、ここに補っておくね。

第二講

じゃ、第二講の解説にいくけど、そのまえにここで大事なことを言うから、理解して欲しいんだ。

今までのぼくの文章は〈会話体〉っていって、しゃべるように書いてたわけ。これが気持ち悪いと思った人もいたと思うけど、こうしないと、この本から始めるような人がそもそも読み始めてくれないと思ったからだ。

でも、これもそろそろやめなきゃいけないんだ。もしこのままでほかの参考書や問題集に進もうとしたら、書き方が違いすぎて解説が読めなくなっちゃうからね。それに、根本的に重要なこととして、実際の入試問題の文章は固い調子のものが多いから、それに向うためにもこの〈会話体〉になれきっちゃったらまずいからだよ。

だから、この問題から解説の文体を少しずつ固くしていく。まず初めは、会話体だけど表現をあんまりくずさない形にする。「しちゃった」を「してしまった」にするくらいの感じだな。それから、問が進むにつれてだんだんに固くして、解説文の漢字も増やすから、順番に目と頭を慣らしてついてきてもらいたい。じゃ、これで〈くだけた会話体〉はおしまい。

さて、第二講だけれど、第一講が問題文そのものが〈ですます調〉だったのに対して、それほど固くはないにしても〈文章語〉になっている。また、文章がかなり長くなっているものを選んだから、この点にも慣れてもらわなければならない。ともかく、この程度のものについてこられなくては、入試問題に挑戦することはできない。

そのかわり、設問は少なめだから、解説を追いかけてくるのはそれほど大変ではないと思う。ただし、これは今の時点で設問に正解できるということではないから、その点はまだ気にしなくていい。特に最後の記述問題は、解説が理解できれば十分。

文章のジャンル（種類）としては、第一講とともに、評論分野の中で最も出題率の高い〈文化論〉になる。

ではまず題名を見ると、『身ぶりとしぐさの人類学』だ。そうすると、第一段落の主題になっている「行列」というのは、「身ぶりとしぐさ」の例としてとりあげられていることになる。この問題文は最後まで「行列」についての話だから、この題名の本の一部分ということだ。これは今ここで直接には設問を解くのに役立たないけれど、題名に戻ることが決め手になる場合も多いから、題名と問題文の関係を理解だけはしておくこと。

第一段落で注意するのは、3行目に「しかし」があるから内容的に重要なのはその後だということ。4行目の「近代の工業化社会に特有のもの」というのがその要点で、その後の事柄は具体例での説明になっている。その中にも5行目半ばに「が」があって、ここでの必要な例となっているのはその後のことだとわかる。

第二段落は接続詞なしで始まって、題材も「行列」のままで話が連続して進行する。〈接続詞なしの接続〉の一つのあり方だ。ここで**問二の空欄A・B**にいくと、これらは同じ文の中にあって、これも前の文に接続詞なしで続いている。そして空欄のあたりは具体的な内容になっているから、前の文の「一般にモノやサービスの〜行列ができる」ことの例だと考えられる。それならば、その中のキーワードとして「需要——供給関係」に目をつけなければならない。そして、選択肢ウ・エにこの二つの語があるから、あとは例の内容から考えて、ふつう難民キャンプでは配給する物などが不足するから、**空欄A**には与えられる事柄として「エ　供給」が入り、**空欄B**は求める事柄として「ウ　需要」が入る。

15行目からの段落は「しかしながら」で始まっているので、前と何か反対の関係や発展する事柄があるはず。ここでは、そのすぐ下に「たとえ〜ても」の形があって、前に行列ができる条件とされていた「需要——供給に顕著な不均衡」があることが絶対条件ではないことを示して、さらなる条件として「先客（着）優先の原則」がなければ行列は生まれないということを述べている。それを段落末にまとめて、「西欧の近代社会に特有な行動様式」として「なのである」と締めくくっている。

けれども、これで一つの大きな話が終わったわけではなく、ここでは、**21行目**に「さらにいえば」として、また「近代的事務処理の発想に根ざしている」ということが〈添加（てんか）（つけ加える動き）〉されて、**23行目から**はそれを反対側から証明する例になっている。ここに「ギリシア・アラブ社会」があるのは、「近代的事務処理」というのが20行目で「西欧の近代」のものであるから、「西欧」ではない社会では行列ができないことを示しているわけだ。

29行目の短い段落は、「このように」で始まっていて、これは〈まとめ〉の言葉だから、**傍線部①の問四**は、ここまでに答えがあることになる。ここで大変に重要なのは、設問文をよく読むことだ。傍線部自体は「～論理と構造がある」だけれど、設問文では「『行列』にはどのような考え方が潜んでいると述べているか」とあるから、答えは「論理と構造」に合うものではなく「考え方」に適するものということになる。そして、「二カ所」という指定については、ただ二つ探すのではなく、さっき見た21行目の「さらにいえば」の働きを考えると、この前後から一つずつというのが文章構造にふさわしいことになる。

まず傍線部に近いほうから見ると、21行目「近代的事務処理の発想（10字）」があって、「発想」ならば「考え方」だし、このあとに「に根ざしている」というのも、設問文の「潜んでいる」に適している。どちらも表面に出ているものではないことを示しているからだ。それからもう一つを「さらにいえば」の前のほうから選ぶと、内容と「考え方」に適することからして18行目半ばの「先客（着）優先の平等主義」がよさそうだけれど、「十字・抜き出し」という指定だと「（　）」も字数に含むのがふつうだから、これは十二字になって無理。そこでもう少し前に探すと、16行目上からに「先客（着）優先の原則（10字）」があって、これを抜き出せばいい。「原則」は何かの基本となる「考え方」を示したものだし、具体的な事柄は原則に「根ざしている」わけだから、条件を満たしている。なお、解答欄には、この二つのうち前のほう（「先客（着）優先の原則」）を先にして書くこと。

30行目のからの段落は、接続詞なく始まっているが、これは第二段落の始まりかたとは違って、今度は前と切れていることを表わしている。第二段落とは逆に、密接なつながりがないから接続詞がないわけだ。〈接続詞なしの接続〉には、この正反対の二つの場合があることをしっかり頭に入れておくこと。内容を見ると、ちゃんとした行列ができない場合を述べているから、前とは密接なつながりにはならないわけだ。

傍線部②の問五は、文脈の問題というより、言葉の知識問題になっていて、「胚胎（はいたい）」は「物事が始まる原因が生じること」という意味だから、それに合う言葉が含まれているものを探すと、「ア」の「始まるきざし」がぴったりしており、ほかには候補がないから、これが正解。

39行目からの段落は「また」で始まって、やはりまだきちんとした行列ができるまでの過程の説明として別の事柄を述べている。文章構造としては、40行目上の助詞の「が」を見逃さないこと。その前はまだ行列ができていない場合のことで、その後に「客がふたり以上になって列ができると」としてここの主題になる行列ができて来るという〈対比〉になっている。この構造がその次の文でもくりかえされていて、「ひとりで待たされているあいだは〜が、行列ができたとたんに〜〜」となっている。そして、**問二の空欄C・D**はそれぞれ、今「〜が」「とたんに〜〜」の「〜」と「〜〜」で示した部分に対応している。そうなれば、まず**空欄C**に「無力感や退屈や苛立ち」に適するものを探すと、「キ　心理」がぴったり。**空欄D**は「礼儀の範囲内で相互監視」に適するものとして、「相互」というように複数いることを表わせる語を探すと、「ケ　社会」ぐらいしかない。これは「礼儀の範囲内」とあるのにも適している。同一の社会の中にいるからには礼儀から外れてはいけないわけだ。

46行目からの段落は「そうした」で始まって前の内容を受けていることを示してから、話が進んで「並んでいる人びとのあいだの距離」のことになる。**問二**の**空欄E・F**は、ともに主語が「距離は」であるが、Eは「Eなる」という形であるのに対し、Fは「Fこと」だから、EとFは文法的には性質の違うものが入ることに注意。**空欄E**は「後尾（こうび）」のことだから、次文の「後方」の説明にある「注意がほかにも向けられる」から考えて、そうなれば前に行こうとばかりするわけではないから、並んでいる人との距離はびっちりつまるのではなく少しは空いていることになるだろう。そして空欄の下に続く形になっているものを選べば、「シ　大きく」が正解。「コ　広がる」が、形で「×」なのをよく確認すること。**空欄F**はその逆に「目的志向性が無意識にも強調され」る場合なので、目的である前方に向っていく気持ちが強くなっているから、「サ　縮まる」が正解。下が体言の「こと」なので、文法的に言えば動詞の連体形が入らなければならない。それに対してEのほうは、「Eなる」でそれに対応していて、動詞部分は「なる」にあるから空欄には動詞にかかる形容詞の連用形が入ったわけだ。

さて、ここで**問三**ができるようになった。脱落文が「待つことは〜のだ。」という形であることが重要で、特に文尾の「のだ」に注目。これは第一部の65ページで説明したように「後ろから前を〈説明〉する働き」をもっているから、設問にかかわったときには積極的に活用するようにしないといけない。ここでは、「待つこと」に関する説明を後ろからしていることになる。すると、なんにせよ「待つ」をその前にもっているものとして、ⅣとⅤが候補になる。次に、脱落文には「副次的活動ではありえず～主要関与にならざるをえない」とあるから、「待つこと」が主要な関わりであるだけでなく、「副次的」といえる活動も示されているほうが望ましい。そうなると、Ⅴには行列に並ぶこと以外が書かれていないのに対して、Ⅳには「新聞や雑誌をひろげて」「読む」という事柄があり、それがⅣの直前で「落ちついて～できない」と否定的に書かれているから、これを「副次的」ととるのが適当。Ⅳが正解。

51行目からの段落は、また接続詞なしのつながりになっている。そして、内容を見ると、「待つ」や「距離」ではなく「行列に並ぶ不快感」に主題が変わっているから、ここもまた内容が変わるために接続詞を置かないという用法だとわかる。この「不快感」について、「～無力感や、～焦燥感とともに、～不安感に由来する」と述べているが、「とともに」は〈並列〉のようにみえるけれども、こうした形では〈主要なものが最後に強調されて出て来る〉という働きがあって、特に評論文では重要な語法だということを知っておくといい。だから、端的なポイントは「知らない人間に対する不安感」であって、「行列に並ぶ不快感は、」これに「由来(ゆらい)する（事柄がそこから起こる）」と説明されている。

55行目からの段落は、二つの文にわたって「もちろん〜。しかし〜」という形になっている。こういうのを〈譲歩逆接構文（じょうほぎゃくせつこうぶん）〉といって、「もちろん」で強調されているようだけれど、それは逆接でひっくり返すためのものにすぎず、必要なのは「しかし」の後のことだということになる形だ。そうすれば、「もちろん」の後の楽しそうな事柄は無視できるから、やっぱり57行目の「知らない者と近接する不安や不快感」の説明だとわかる。それは「前の人の後頭部や背中をみせられる」ことで「いっそう高（コウ）じる」と指摘され、またそれは「無視や拒絶」「冷ややかに無視され、おとしめられる」ことだと述べられている。

63行目からの段落は、「したがって」の〈順接〉で前から導かれる当然のことを示した後の「〜が、さらに不愉快なのは〜」という形が重要。そして、段落末まで行って、71行目から「行列に並ぶことは、そのような〜ことになるのだ」として、この部分の前のいくつかの具体的事柄の性質をまとめて説明している。

最終段落は、「こうして、行列は〜二重苦」となっているので、前段落の「さらに」が生きてきて、その前後二つの事柄をまとめていることがわかる。そこに**問六の傍線部③**がある。これはこの本で初めての記述問題としては難しすぎるけれど、本文のどこか一部を抜き出して形を整えるくらいの問題では〈記述問題〉というものについてちゃんと教えられないからあえて選んだものだ。この設問はできていなくていいから、今から説明する事柄をよく理解すること。この部分は、新たなことの説明だから、語りかける口調をまじえよう。

本格的な記述問題というのは、部分点の積み重ねなんだし、まるごと絶対の正解なんていうものはない。だから、ここに示す解答も一つの例にすぎないんだよ。じゃ、この設問での部分点はどういうところでとれるかを箇条書きにしてみよう。

1、字数が多いけれど一文でまとめる。これがスムーズになっているだけで何点かはとれる。

2、解答末を、「二重苦」にあたる言葉で締めるか、設問文に「どのようなものか」とあるのを受けて「〜もの」で終わって、必ず「。」をつける。

3、その解答末にかかりながら、内容となる二つの事柄を導ける出だし表現を考える。絶対条件は、全体の主題の「行列」を使うこと。あとは必ずしも本文の表現をそのまま使えるとはかぎらない。これが本格的な記述問題の特徴。

4、「さらに」の両側から、それぞれ「前憂（ぜんゆう）」と「後患（こうかん）」（これは慣用句の「内憂外患」を言い換えたもので、ここでは前を見ることと後ろから見られることの苦痛の意味）にあたる事柄を探して、字数に合うようにまとめる。これらは本文の記述を利用するが、抜き出しではないから字数も考えて適当な形にする。とにかくこれらがそれぞれわかるように書かれていれば部分点が二つもらえる。

わかったかな。まず解答末を考えるというのが大きなポイントだ。

解答例は、「行列に並んだときに味わう、前の人の背中を見せられて冷ややかに無視され、また隠蔽すべきからだの背面を見知らぬ人間の視線にさらす、という二重の苦しみ。」としたけど、ここでもうひとつ重要なことを言っておこう。この解答例が三つの「、」で四つの部分に分れているのがわかるかな。第一部分が今の説明の3、第二部分と第三部分が説明の4、第四部分が説明の2にあたっている。もうくどいことは言わないから、それぞれを確認してもらいたい。そして、このように区切ったことが説明の1にもかかわっている。どういうことが採点のポイントになるかわかっていることを示せているのがいいところなんだ。これを、やたらに「、」を打って区切ってしまうと、採点者が採点基準に合わせて読むのが大変で、そのぶん説明1にかかわる点が下がってしまう。逆に、ふつうなら「、」を打たない第三部分と第四部分の間に「、」が打ってあるのも、このポイントを示すためだ。

どうだろう、記述問題というのが少しはわかっただろうか。とにかく〈正解〉などはなくて、〈部分点の集積〉なんだよ。それで、満点でなくいくつかの部分点をとれれば上出来だ。

解答

問一 a＝前提　b＝徐々　c＝指摘　d＝当惑　e＝緩和

問二 A＝エ　B＝ウ　C＝キ　D＝ケ　E＝シ　F＝サ

問三 Ⅳ

問四 先客（着）優先の原則（10字）
近代的事務処理の発想（10字）

問五 ア

問六 行列に並んだときに味わう、前の人の背中を見せられて冷ややかに無視され、また隠蔽すべきからだの背面を見知らぬ人間の視線にさらす、という二重の苦しみ。（73字）

第三講

ここで、もっと固い文章をやる前に、前問と逆に読みやすくて解きにくいという問題をやっておこう。文章は〈随筆〉だ。こういうのは文章は柔らかくて読みやすいようだけれども、設問を解くとなると、かえってはっきりした根拠が見つけにくくて難しい。

また、随筆は段落が接続詞で始まっていないことが多くて、この文章などは段落初めに一つも接続詞がないから、段落のつながりや文章展開を接続詞で知ることができない。この点でも難しい。

この問題は特に、設問が多いうえに文章全体を大きく使うから大変だ。これが自力でできるとなればかなりなものだけれど、まだ今の時点では苦しいだろう。むしろ、どうして間違ったのかということを解説で確認することで力をつけてもらいたい。

題名は「蟬」だ。随筆ではこういう動植物などが題名に用いられることが多いので、評論のように文章で何が言いたいのかがわからない。この具体的な題材に終始するのか、これがきっかけで評論なみの深い内容になるのか、この点に注意しながら読んでいく必要がある。

まず目につくのは、第一段落が題名の「蟬」で始まっていること。これは、もう文章が主題か主題につながる事柄に入っているということだ。そしてここに二つも傍線問題がある。こういうのはこの段落内で解けることは少なく、特に最終段落とのつながりが強い場合が多いから、全体を読んでからでなくては手をつけられない。

また、この文章はくわしく内容説明しなくてはわからないようなものではないと思うので、例外的に、先に文章の展開を最終段落まで要約的にざっと見てから、設問解説だけを行なっていくことにする。

筆者は蟬のおなかをちぎってみたことがあって、それが空洞だったため、不思議を見つけ出したことの一つとして記憶している。

それは小学校四年生の夏休みのことで、先生や母がいなかったために、かえってそういう制約を懐かしく思い、それらが子供にとって生きるための必要条件だったと気づいた。

そうした必要なものを失った空間の中に取り残されて、呆然（ぼうぜん）としてしまい、自分はいったい何者なのだろう、私は本当に生きているのだろうかなどと考えこんでしまう。そして、その時点で夏によって腐敗する自分の内側に存在するものに気づき、それが今の自分につながるのだと思う。

大人になっても、夏になると当時と同じようになり、蟬のことを思い出して、そのおなかのように世の中をからっぽに感じる。その時、自分の犯（おか）してきた罪について考え、社会的な罪は犯してないものの、形を成さない罪を数多く犯して来たことを認め、それが心の中だけで行なわれたことにほっとしていたけれども、蟬のおなかをちぎってしまったことは事実で、あれが最も［　　　］的な罪だったと思う。

これを大段落に分けるなら、初めと終わりに題名の「蟬」が出て来ており、その途中はある夏についてのさまざまな事柄なので、8行目までの第一小段落が第一大段落、9行目から30行目までが第二大段落、31行目からの最終小段落が第三大段落となる。こうした思い切った分け方をしなければならないことも多いので、段落の量的なことは考えないこと。

なお、8行目の最後に「小学校の四年生の夏休みのことでした」とあるけれど、これはこの段落内のことの説明の一つなので、第一大段落内にまとめてよい。このように後の内容に続くような事柄が前の段落の最後に簡単に書かれている場合、段落分け問題ではここで区切らなければならないことが多いということも知っておくとよい。

さて、設問を文章にある順に見ていこう。

問二の**空欄（ア）**は、その前に「本当です」と言ったことを後ろの実際の事柄で証明しているので、「実は」か「だって」。ついでに**空欄（イ）**は、後ろに実際には起こらなかったことを付け加えているので、「もっとも」を入れて「もっとも、〜が。」の形にすると、反対の事柄を仮定したものとしてよくとおる。これで**問二**は「④」になって、あとは残りが確認できればよい。

傍線部Aの問四は、この行為が再登場する最終段落にかかわっていなければならない。すると、とにかく「罪」がキーワードだとわかる。そこから選択肢を見ると、「罪」にかかわるのが（エ）しかない。あとは、選択肢の「夏の暑さに心が腐敗してしまい」と「残酷な」の二点に根拠があればよい。すると、32行目に「夏の暑い日、心のはしが少しばかり腐敗するのを感じます」とあるので第一点は明確に確認できる。次に、37行目半ばからは、この行為が「殺す」罪の一つであって、実際したことが「おなかをちぎる」ということであることも考え合わせると「残酷な」も無理な表現ではないので、（エ）を正解にできる。（オ）のように「消し去りたいと思った」という根拠はない。

傍線部Bの問五は、大学入試の言葉の空欄補充問題としてかなりの重要性がある。大学入試では〈難しくて意味ありげな言葉は正解にならない〉という特徴があって、ハイレベルな大学になるほどその傾向が強い。ここでは、「（ア）真理」「（オ）絶対」はひっかけで、文章中に明確な根拠がない。違う言い方をすると〈高校入試の正解は大学入試では正解になりにくい〉ということも知っておくとよい。残りのうち、「（イ）虚妄」が34行目の「空虚」と取り違えやすいけれど、これは言葉の意味として「うそ・いつわり」のことなので、中になにもない虚しさとは違う。

ここでもう一度設問文をよく見ると「最終的に～何を発見した」という条件がついている。そうなれば、「（ウ）他者」が「先生・母」などのことだとしても、最終的などではないことで、これも落ちる。こういう〈設問文をよく読む〉という姿勢も身につけないとつまらないところでミスをすることになる。この問題ではまだこのことが重要性をもつ設問が続くから、ここで注意しておく。

あとは「(エ) 自己」だけれど、言葉としては22行目に「自分は」とあるし、最終段落でも「私は・私の」と何度もくり返し出ていて、他の選択肢に候補がないから、本書のレベルならここで決めてよいけれど、参考までにもう一歩進んでみよう。気になるのは、「最終的に発見した」と言えるほどの根拠がないこと。ところが、ここに面白い根拠がある。それは、問七の設問の中の二つの空欄の下に「自己省察を」「強いてきた」とあることだ。これは出題者の作文だから、出題者自体が「私」は「自己」を「省察」していると考えていることになる。「省察」の結果なら「発見」につながるのは無理がないから、これで十分に(エ)が正解。こういう〈設問間の比較〉ができるようになれば、そうとうの実力レベルだと言える。

先に進んで、まず空欄補充問題をまとめてやろう。**問二の空欄(ウ)**は、「4」の「実は」が入るとどうかを確認すればよく、後ろの表現と組み合わせて「実は〜気付く」とすれば十分にとおる。**空欄(エ)**は「けれど」が入るかどうかだが、これは前との反対関係というよりは、文末と組み合わせて「けれど〜のです」が〈前より後のほうが重要な事柄だと示す〉という逆接の接続詞の発展的な用法になっている。この段落初めに「もちろん」を置いて「もちろん夏は嫌いではありません」としてみると、「もちろん〜けれど」で〈譲歩逆接構文〉になるのがわかるだろうか。これで「④」が正解と確認できた。

傍線部Cの問六は、さっき注意したように、設問文をよく読んで、「文中のことばを用いて」とあることを見逃さないようにする。つまり、抜き出しではなく短い記述問題になっているわけだ。こうした傍線部の内容を説明する記述のコツは、傍線部をいくつかに切ってそれぞれに対応する記述を抜き出したり考えたりして解答に入れて、字数に合うように形を整えるようにすることだ。これで部分点を積み重ねていける。

まず、「必要なものを／失った／暑い／空間」と切ってみる。すると、前の行に「必要条件」とあり、これは「先生や母など」のことだ。それを「失った」という否定的な表現は、14行目から「～を受けることとなく」がある。そうすると、この上から「あるゆる制約を受けることとなく」とまとめて「必要なものを失った」に対応させることができるから、これでまとめて二つのポイントをとったことになる。「先生や母などのようなあらゆる制約を」とできればよいが、字数的に無理。「あらゆる」ならばすべてを含められるから、こちらを使ったほうがよい。「暑い」は、24行目に「夏という空間」とあるのが指定条件の「という空間」も含んでいてうまい。つまり、「暑い」は「夏」だけで表わしてよいということだ。これらを組み合わせるために、「受けることとなく」を「空間」という体言にかかることのできる形にして、「あらゆる制約を受けることのない夏（という空間）」を**解答例**とした。

傍線部Dの問七は、設問内の文にある**二つの空欄**が「1　十四文字」「2　十五文字」とわざわざ一文字違いで字数を変えているのだから、それぞれちょうどの字数でないと不自然。そうでなければどちらも「十五字以内」にすればよいのだから。それから、「ただし、句読点は字数に入れない」というのは、少なくとも片方の抜き出し部分には句読点が含まれているということを意味しているはずだ。こういう設問意図の読み取りができるようになればうまい。
　問五で見た「自己省察」の内容を字数に合うように探してみると、22行目の「自分は、いったい何者なのだろう」と、26行目からの「私は、本当に生きているのだろうか」が、ともに句読点を含んでいてそれを除くと字数にぴったりしている。それぞれの下に「～と、考えこんで」「そんなことすら考えて」とあるのが、「省察」であることを示しているのもよいので、この二カ所を抜き出す。

　傍線部Eの**問八**は、問六と違って「文中のことばを用いて」という指定がないから、基本的に自分でことばを考えると思ったほうがよい。抜き出しならば38行目の「心の中だけで行なわれた」が「形を成さない」の説明になっているけれど、字数からしても足りない。ここで重要なのは、傍線部の上に助詞の「が」あることで、ここから「社会的な罪」が反対の言葉だとわかる。この「社会的な」を、「形を成さない」と対比になるような言葉を考えて置き直し、傍線部同様に〈打消〉の「ない」で受けられる形にして、「罪」で結べばよい。**解答例**は「現実に犯したわけではない罪」として、「社会」に対応させながら「心の中だけで」と対比になる「現実に」を本文外の言葉とした。実は、次にやる問三の答えをここに使っても正解だけれど、それも文章内の言葉には違いないから、解答例としては「現実に」としておいた。
　さて、文章末の［　　］という**空欄**の**問三**も、問五で説明したことが言えて、「(ア) 本質」に手を出すのが最も悪い。こんな語を選べる根拠もないのに、高校入試ならなんとも正解になりそうな選択肢だ。それから、空欄の文の主語「あれ」は、その前の文の「あの蟬のおなかをちぎってしまったこと」を受けていて、それは「消しようのない事実」なのだから、「（エ）抽象」などはもってのほか。「抽象」は形のないことを表わす言葉だからだけれど、そこから逆にその対義語（たいぎご）（反対言葉）としての「（オ）具体」が有力候補となる。あとは「（イ）社会」も文脈からすればありうるようだけれど、これはやったことの内容を考えて、蟬に対しての行為くらいで社会的というのは無理があるから、（オ）が正解。

端的に言うと、この設問がちゃんと考えてできていれば、もう大学入試現代文の合格最低ラインは越えていることになる。

解答

問一 1＝卒倒　2＝体操　3＝魅力　4＝既　5＝膜

問二 ④　**問三** オ

問四 エ　**問五** エ

問六 あらゆる制約を受けることのない夏（という空間）（16文字）

問七 1＝自分はいったい何者なのだろう（14字）　2＝私は本当に生きているのだろうか（15字）

問八 現実に犯したわけではない罪（13字）

随筆のついでに、ここで〈小説〉をやっておこう。この問題では、内容を追って小説の読み方の説明をしながら設問もやってゆくということにする。

先に説明に必要な事柄や言葉についてまとめておく。題名が『古都』で76〜77行目に「祇園さん」とあるから、場所は京都。「御旅所」は祭礼のときに神輿をしばらく留めておく場所のことで、「祇園」だから八坂神社の祇園祭のときのこととわかる。「七度まいり」は、読み方が「しちど・ななど・ななたび」といくつもあって、内容は2〜3行目に説明されている。第一部で述べた「のである」の働きで、ここで「七たびくりかえすのである」が前の「七度まいり」の説明であるという形になっているのがわかるだろうか。小説でもこうした言葉の働きを見のがしてはならない。

また、二人の会話文も京都弁で、祭見物の観光客ではなく地元の人間であることがわかる。「祇園さん」のように何にでも「さん」をつけるのが京都弁の特徴の一つ。小説ではこのように会話文が方言になっていてとまどうことも多いので、あえてこのような題材を取り上げた。

5行目からの記述より、千重子は七度まいりしていた娘に見おぼえがあり、千重子はそれに誘われるように七度まいりを始めたのだから、自分からしようと思ってしたことではない。そのあとの記述からも、千重子が娘ほど熱心に祈っていないことがわかる。小説では、こうした具体的な行動の説明から心理問題などの根拠を見出さなければならないので、設問部でなくともこのような記述をおさえることは重要。

問六の空欄Aは、この前後がともに娘の発言であることから、単に「② たずねてみた」のでは弱く、後ろの発言のあとに「娘の目に涙があふれた」とあるので、感動を含めた「⑦ 声をふるわせた」のほうが適切で、正解。ここの発言に「あんた、姉さんや」とあるのがこの小説で最も核心となる事柄の発端で、このあと最後までこのことをめぐって両者の心理的なやりとりになっている。

16行目の「たしかに、あの北山杉の村の娘であった」は、この問題文に示された部分だけではどういう場面のことかわからないから、ここで勝手な想像をしてはならないが、このとき以前に千重子が娘を見かけたことがあったということはわかる。「たしかに」というのは、5行目の「見おぼえのある気がした」ことの確認。

ちなみに「北山(きたやま)杉」は、京都北山名物の、幹が磨かれている工芸的な杉で、作者川端康成はこれを眺めに行くことを好んでいた。

ここで漢字の問題をまとめてやっておこう。**問一**の(イ)は「献灯」で、選択肢は「陣頭・透明・陶酔・灯火・鉄塔」だから「④」。(カ)は、「奉公」に対して「俸給・奉仕・包容・抱負・飽和」だから

「②」が正解。

問二の傍線部(ア)の「行方」は、単独で「方」を「え」とは読めないので、この熟語になったときだけの特殊な読み方だから、(1)は「⑤」が正解ということになる。(2)は「②」の「行方をくらます」が慣用表現となっていて、それだけで正解にできる。熟語の問題では慣用表現が決め手になることが多いので、まずそうした表現を探してみること。

さて、すでに娘の願いと気持ちは前の会話文のところでわかっているが、20行目に「強い意志がわいて、しゃんとこらえた」と、今度は千重子の現在の態度と考えがはっきり出てくる。ここで「こらえて」とあるのが重要で、平気でいるわけではないことが示されている。**問三の傍線部**(ウ)は、強い意志で「姉も妹もあらしまへんえ」と否定したのだから、「③　きっぱり否定して」か「⑤　強く否定して」のどちらかだが、「⑤」の「心配している」という根拠はない。上の発言を受けて「しかし」と逆方向に説明しているのだから、「③」の「否定しきれない」がぴったりしていて正解。「心に残っている」というのも、前の「こらえて」とのつながりがよい。

この後の24行目からは、娘が表面的な態度を変えて、「かんにんしとくれやす」「えらい人ちがいしてしもて」と言い出したのに対して、千重子は傍線部(ウ)の内心が連続しており、それが娘の発言に対して27行目で「……」と何も言えないことで示されている。娘が「ふた子」と言ったことに対しては

「他人の空似(そらに)」と強く否定しているので、表面の態度も前から連続していることがわかる。

　娘がしゃくりあげたり涙を流したりしているのは、姉妹と確信したからか強く否定されたからなのか、まだここで決めつけることはできず、55行目になるまでわからない。ただ35行目の「……」で、姉妹のことを父母にそらされたことが意外だったような気持ちになったことはわかる。

　千重子は生まれを問われて、「近くの問屋町(といやまち)」と答えているので、かりに姉妹であったとしても、赤児のころから別れていたことになる。そして、自分で「父と母」のことにそらしたことを受けて、「あんたのお父さんは……?」と別の事柄をきいたのだから、**問六の空欄B**はたんに「② たずねてみた」で十分。ただし、選択肢に「おそるおそるたずねてみた」とでもあれば、その気持ちが発言末尾の「……」に対応するのでなおよいが、ここにはそのような心理を表わすものがないので、「②」が正解でよい。

　それが、次の娘の発言で実父かもしれない人が亡くなっているのがわかったことで**問六の空欄C**の動作になり、ここには衝撃が加わっていなければならないので、「④ 胸を突かれた」が正解にふさわしい。

　そして、41行目からの記述では「父の霊」「実の父」と明確な言い方をしているので、ここではもう姉妹であることを認めたことがわかる。なお、37行目の記述から、5行目の「見おぼえのある気がした」の場所が北山杉の村であったこともわかる。

問四の傍線部(エ)は、上の「思いふけっていて」を受ければ「①　意識がしっかりしていないこと」で、下の「落ちた」にかかれば「③　油断して失敗を招くこと」だが、こういう場合、日本語の特性として〈前からよりも後へのつながりが強い〉ということが言えるので、たいていは下へかかるほうが正解になる。ここではどうかと考えてみると、判断のポイントは「③」の「油断」をどうとるかということになる。これを「気を許す」の意味にとると不適だが、「必要な注意を怠る」の意味にとればば十分とおるので、やはり下にかかって「③」が正解。

そこから「母」の話になるが、52行目の「母も……」で、これも亡くなっていることがわかる。この部分に**問八**の脱落文挿入問題がある。「目の前が、暗くなりかかった。」だから、「(Ⅰ)」ならば、直前の「遠く消えてゆくようだった」が耳にかかわる音のことだったのに加えて、目にかかわって同じようなことが起こったととれば、〈並列〉として適切。「(Ⅱ)」は、前後がそのままでつながっていなければならないので、不適切。「(Ⅲ)」は、内容が合わない。「(Ⅳ)」は、千重子がたずねてすぐに娘が答えているので何も挿まないほうがよい。「(Ⅴ)」は、上の「口ごもった」が、「(Ⅰ)」のように「暗くなる」と並列になるような内容ではない。「①」が正解。なお、こういう挿入箇所を選ぶような問題で最初や最後のものをためらわず選べるようになれば、やはり大学入試問題の実力者と言える。

問六の空欄Dは、今まで続いてきた会話文の文章がここでいったん切れているので、後ろの空白行も根拠にして、「⑥　もう聞くのをやめた」が正解。
その空白行のあとすぐに**問五**の**傍線部㋔**があるが、いったん切った直後にあるから、直前の内容だけではなくて今までの全体を受けているほうが文章構造としての根拠が強い。そうすれば、そもそも娘は何を願っていたのかということからして、七度まいりまでしてのことなのだから、「②」のように「姉妹であること」という根本的な事柄を含んでいなければ底の浅い答えになってしまう。他の選択肢にはそれがないから、ずばりと「②」を正解にできる。

この後の展開は、たがいに名のりあって娘の名が「苗子(なえこ)」だとわかり、71行目で苗子が自分のことを語ったあとに**問六**の**空欄E**があるが、これは苗子が自分のことを語ったあとを受けており、特に内容的に千重子が精神的影響を受けるような事柄は述べていないので、単に「⑤　うなずいた」がよい。これを「①　かすかに首をふった」にしてしまうと、後の苗子の発言とつながらなくなってしまう。千重子が特別な反応をしなかったからこそ、苗子は続けて自分の思うことを述べることができたわけだ。だから「⑤」が正解。

最後に**問七**の**空欄F**がある。まず、不適切なものを落としておくと、「③」は、苗子には「義父母」はいないから「×」。「④」は、上の「ふた子とはいえ」を受けると「とはいえ」の用法がおかしく、もしこれならば二人ではなく何人かがいてのことでなければならない。

この二つを選んだ人は少ないだろうが、あとの三つで迷ったのではないだろうか。決め手は、文章の最後に「しかし、捨てられたのは、自分の方ではなかったのか」という千重子の思いが述べられていることであって、ここでも逆接の「しかし」を生かさなければならない。正解だった人でも、これに気が付いていなければ完全な正解とは言い難い。この点から「捨てられた」とつながりうるものを考えてみると、「①　礼儀」と「⑤　意気投合」は意味上の関係がない。では「②　身分ちがい」はどうかというと、どちらかが捨てられたのなら、普通は捨てられなかった方が高い身分を保ち、捨てられた方が身分の低い環境におかれるはずだが、ここでは〈自分は高い身分として扱われたけれど、本来低い身分になるはずの捨てられた方なのだ〉というつながりの逆接が成立する。相手の呼び方をここに近い所でみても、65行目で苗子は千重子を「お嬢さん」と呼んでいるのに対し、68行目で千重子は苗子を「あんた」と呼んでいる。これらを「身分ちがい」とまとめるのも不適切ではない。「②」が正解。

問九。作者川端康成は若い頃に**(ア)**「③　新感覚派」と呼ばれ『伊豆の踊り子』などを書いた。後年は日本美を描き出すことを主とした作品を残し**(イ)**『⑤　山の音』がその一つ。この作品や『古都』は、海外での評価も高い。

（イ）の他の作品の作者を示しておくと、『斜陽（太宰治）』『破戒（島崎藤村）』『和解（志賀直哉）』『細雪（ささめゆき）（谷崎潤一郎）』となる。

解答

問一 イ＝④ カ＝②

問二 1＝⑤ 2＝②

問三 ③

問四 ③

問五 ②

問六 A＝⑦ B＝② C＝④ D＝⑥ E＝⑤

問七 ②

問八 ①

問九 ア＝③ イ＝⑤

さて、設問は難しいものも多かったけれど文章そのものは読みやすかった随筆と小説が終わったので、ここでいよいよ評論に戻って、一番固い文体の文章をやる。これは文末が「体言＋である」や「のである」になっているもので、これが頻出する文章では、〈強い言い切り〉の場合が多く、段落末などでは〈まとめ〉の働きをする。そして、第一部で説明して、今までの文章にも出てきた〈後ろから前を説明する働き〉もあって、傍線部の後のほうにこれがあったら決め手になると思ってよい。私の解説のほうもこの文体に切り換え、説明用語も難しくなるから、諸君も気と頭を引き締めてついて来てもらいたい。

第五講の文章は〈哲学〉である。これは大学入試では出題率が高いのに多くの人が読んだことがないものなので、〈読解〉というよりまずこのジャンルの文章への〈慣れ〉を身につけないとついて行けない。その重要な特性の一つとして、〈逆接〉の接続詞が反対のことをつなぐというのではなく話が〈深化〉することを表わす場合が多い、ということがある。前の事柄より後の事柄の方がテーマに近づいているということで、これを積み重ねながら最終的にテーマに至るというわけである。これも慣れないと戸惑うはずだから、この問題文をその慣れへの第一歩として欲しい。

また、哲学ジャンルの出題の特性として、選択肢問題の答えを文中の絶対の根拠から一発で答えるものがよくあるということが言える。今までにもそういう選び方をしたものがあったのは覚えているだろう。選択肢一つずつを検討して答えを出すのではなくこうした選び方をするものを〈即答法〉と名付けておく。ここにはこの解答方法を用いる設問がいくつかあるので、先に頭に入れておくこと。

この出典そのものについて述べておくと、題名の『流れとよどみ』は、何かの哲学テーマを示すものではなく、中身は高度な哲学なのに随筆風の文章集の総題で、問題文はその中の一章なのである。それだけに、読みやすそうな外見と内容の深さにギャップがあって、設問になるとかえって選ぶのが難しくなるから、心して「〜である・のである」を初めとした確実な根拠を求めるようにして、可能なものは〈即答法〉で決めるようにしたい。

まず、**文章冒頭**に「ロボットは人間か」と問いを掲げておいて、「と問うのは、〜と問うことである」として、その問いの内容を説明している。そして、それについて具体的な場合をあげて、「本当に〜か、〜『振りをしている』だけ〜か」と問いかけの形を二回くり返しているが、問いがあるだけで答えそのものは出していない。

これを**第二段落**の「だが」の〈深化〉の接続詞で話を進めて、今度は「この問いに答える方法があるだろうか」と疑問を深めている。そのあとにまた具体的な事柄をいくつかあげているが、12行目で「結局のところ」として、「決め手はないのである」とこの部分の結論を端的に示している。ここが**傍**

線部㈠になって**問二**の設問がある。さあ出てきたという感じだが、この後ろでまず傍線部を指示語「それ」で指しておいて、それから三つの文にわたって文末が「のである」「からである」「のである」となっている。設問が「なぜ」なのであるから、これらの部分にその説明がなければならず、そこにある語句でできている選択肢を探すと、〈即答法〉で「生理学的なあるいは工学的な検査法」を含む「5」が選べる。他の選択肢のように傍線部の前のほうにあるものは傍線部でまとめられている内容にすぎず、「なぜ」の答えにはならない。

問三の**傍線部**㈡の「どだい」は、「そもそも・もともと」のような意味であるから、「4」の「今回も〜だろう」のように〈未来〉の事柄については使えないから、設問の「ふさわしくないもの」としてこれが正解。

17行目では、さらに「しかし〜もっと深い」と考察が深まってゆく。その後に「というのは〜からである」として、深い理由は「自分の親兄弟にもあてはまる」ことだとすぐわかるが、そこから接詞なしですぐに続けて「親兄弟を含めて自分以外の人間はすべて〜ロボットと同じ位置にある」とくわしく言い直している。ここから、ロボットと自分以外の人間を本質的に異なるものとして区別するのは誤りだとわかる。その理由として、また後ろに「〜からである」という形の文が二つつづく。

それから**問四**の**傍線部**㈢になるが、これも直後の「だが」が決め手になる。ただ問二のように直接に考えたのではできないから、難易度は増している。これは、「〜尋ねはしない。だが尋ねてもいいのである」と〈逆接〉で反対方向につながれている。ということは、設問が「理由として適切でないもの」なので、この反対方向の事柄の理由を選べば傍線部の理由としては不適切になる。そこで「だが」より後の部分を見てゆくと、段落末に「のである」があって、「尋ねてもいい」ことの理由説明になっている。したがって、27行目の「ためす方法は原理的にない」を言い換えた「原理的に証明できない」を含む「2」が正解になる。あとの選択肢は、すべて相手の痛みがわかるという内容になっているから、「尋ねはしない」のも不思議ではないので不正解。

だが文章の結論にはまだ届いておらず、28行目の「しかし」でさらに追求が進む。「もし問題がここでとどまるならば」の「ここ」は直前の「ためす方法は原理的にない」を指しており、それくらいなら「まだしも」であって、31行目の「つまり」以下のようなことであったらもっと重大なことになる、という深化した進行である。

ここに**問五**の**空欄A・B**があるが、文章構造をよく見なくてはならない。31行目に「つまり」があるので、この前後は具体的事例とその説明だということになる。そして、この接続詞の前後が、30行目の「だが」と32行目の「ではなく」で、それぞれ二つの反対の事柄に分かれている。ということは、空欄Aには29行目からの「神を信じている～いらないだろう」が対応していることになる。すると、この部分には「偽」や「可能」にあたる言葉はないから、「1　真理」か「4　事実」になるが、ここではまだどちらか決められない。

ここでもう一度「つまり」に戻ると、その前は「～でなかったら?」という疑問で終わっているので、後ろでこれに対応するのは「不可能なことがらであったなら?」までということになる。したがって、空欄Bの根拠はここにはない。そこで接続詞なく続いている**次の段落**に行くと、37行目に「実は不可能なのではないか」とあって、空欄Aの後ろではまだ疑問の段階であった「不可能」ということが「実は」と言えることだという考えになっていることがわかる。この「実は」は39行目にもまた出てくるので、この段落のポイントと言ってよさそうである。そこから**空欄B**に入る言葉を探してみると、こちらは「1　真理」よりも「4　事実」のほうがしっかりと対応している。したがってここには「4」を入れて、**空欄A**に残りの「1」を入れればよい。なお、知識的に補足すると、空欄Aは「神の存在証明などなくてもいい」に対応しており、一般に「神」というのは絶対の真理として信じる存在だから、その証明などはいらないわけである。

そして、「実は」のある段落最後の42行目に、また「だが」があって、新たに「奇妙な状況」という説明に進む。**その次の段落**はその「状況」の具体例での説明で、これを49行目の「この」で受けて**傍線部㈣**の**問六**になる。すると、前段落の例は「彼」についての事柄であり、それだけでなくこれまでに述べている想像対象はすべて19行目の「自分以外の人間」であるから、「合致しないもの」ならば、文句なく「5」の「自分のことを想像し」である。

50行目からは、「彼になり変わった想像上の私」が「現実の私と彼とを『人間仲間』として結び付けている」として、初めて肯定的な人間関係が登場してくる。これは52行目の「飛びかう」という働きによっている。それを53行目からは逆の仮定で説明して、「この飛びかいが失われたならば私にとって彼は『人』でなくなる」と述べている。そして、この場合の「私」の側の状態を「離人症（りじん）」という語で示す。

これが接続詞なしで**最終段落**に連続して、「今のところ私は離人症ではない」と述べ、この部分を指示語で受けて「それは～身についた態度なのである」として、その反対の状態を（　）の中の**傍線部㈤**「狼少年ならばこの態度を持たないだろう」で補足説明している。となると、狼少年は「離人症ではない」ための「態度」をもっていないのだから「離人症」だということになる。つまり前段落の「人間仲間」としての「彼」という他者との結びつきがないわけである。すると**問七**も〈即答法〉が使えて、その状態を述べている選択肢を探すと、「5」の「相手を人間と思えなくなってしまう」が適しており、これが正解。なお、「2」の「自分を」が不適切であることを理解すること。

問八は傍線部問題ではないから一つずつ検討するしかないようであるけれども、最終段落最後の「私にとってそのロボットは『人』なのであり、～『人間』なのである」が、文章冒頭の「ロボット」の話に戻り（この点は第三講の『蟬』と同構造）、全体を「のである」で締めくくった結論部になっているから、「人間」であることを結論とした選択肢が、最も「趣旨に合致」していて設問に適（かな）うことになる。そこから〈即答法〉によって「3」を正解に選べる。ここに限らず、即答できるものを一つ一つくわしく検討していたら、試験時間内にすべて終われなくなってしまう。〈即答法〉は正確な答えを出すというだけでなく、時間対策でもあるのである。

解　答

問一　ア＝3　イ＝4　ウ＝2　エ＝2　オ＝5
問二　5
問三　4
問四　2
問五　A＝1　B＝4
問六　5
問七　5
問八　3

解説が文章語になってからは、とても『やさしく語る』というものではなくなってしまったけれど、特にこの第五講はひどかっただろう。けれども、これをまがりなりにも読み終えられたとしたら、もうたいていの問題には頭がついてゆくはずだ。それは自信をもってよい。

そして、この問題の解説についてこられたことが第四講までを読んできたことによっての成果であるならば、著者としてたいへんな喜びであり、こちらから一人一人に感謝したい。

では、残りの問題にも気を抜かず、最後までしっかりとやり通してもらいたい。

第六講

今度は〈文芸論〉の問題をやる。評論分野は、第一・二講の〈文化論〉と第五講の〈哲学〉、そしてこの〈文芸論〉をもって三本柱となっている。

このジャンルは哲学とはまた異なった難しさをもっているが、それは用語を知らないとかなり取りつきにくいということが主となっている。この文章でも、かなり多くの文芸用語や文学史的な事柄を知識としてもっていないと、十分に読解することは不可能である。戸惑(とまど)いながら読んだ人がほとんどだったのではないだろうか。では、それらを知らないと設問が解けないかというと、全くの知識問題(第四講の問九など)でないかぎり、内容ではなく文脈の理解で解けることが多いので、戸惑わずにこれまでの文章を追ってきたような努力をすること。ここでも、設問に必要な事柄以外の言葉の説明はしない。

それから、この問題にはまた別の狙いがあって、それは古い文章を用いた出題に慣れることである。筆者萩原朔太郎(はぎわらさくたろう)(明治19年～昭和17年、1886～1942)は明治末期から大正期・昭和前期に活躍した人だから、ここでは新字体・現代仮名遣いに直してあるが、もとはもちろん旧字体・歴史的仮名遣いである。こういう文章では、言葉遣いが古くて、特に、知らない言葉よりも同じ言葉で現在と違う意味で用いているものによって読み誤ってしまうことが多い。例えば、「教育」を、今ならば「教養」と言うところで使って、「あいつは教育がない」などとしている場面によく出合う。本文内でも一つ明らかに取り違えそうな用法があるから、そこで説明する。

論評の対象は与謝蕪村（ぶそん）（苗字は一般に「よさ」と読まれているが京都府北方の地名で「よざ」と読むという説もある）で、江戸時代中期の代表的俳人とされている。ただその一般の理解が誤っており、その背後にあるもっと深いものを指摘したいという動機で書かれた文章である。題名からしても、蕪村を何かの例としてでなく、その人そのものを論じたものとわかる。

第一段落は、4行目の「しかしながら」の前後で〈譲歩逆接構文〉と同じようになっている。この前の事柄を否定しているわけではなく「決して誤っていない」と認めながらも、ここで言いたいのはこのことではなくこの接続詞の後の事柄だ、と言うわけである。4行目に「背後における」とあるのが重要な記述で、その言いたいことは、次の行に「〜のである」として示されている。ここの「詩人その人の主観」がキーワードであることは、次の文で「この『主観』こそ」と強調して取り出されていることでもわかる。この段落はこの後、人々が松尾芭蕉（まつおばしょう）（江戸前期の代表俳人）と小林一茶（こばやしいっさ）（後期の代表俳人）について「こうした抒情詩の本体」をつかみながら、蕪村についてはそれを認めないばかりか、それなのに芭蕉と比肩（ひけん）（肩をならべる）して「俳聖」などと言っていることにあきれたような書き方をしている。

傍線部1の問一は設問の取り違えが多かったのではないかと思うけれど、ここでは傍線部の内容をきいているのではなく、「こうした抒情詩の本体」という表現を言い換えた部分を抜き出せと言っているのである。内容ならば、「こうした」で前を指して「本体」とまで言える根本的なものだから、さっき見た「主観」を中心とすることになるけれども、それでは設問の「後の部分で」に合わないし、ここでは表現の言い換えであるからそれはふさわしくない。これは記述問題と同じに「抒情詩の／本体」と二つの要素に分けて探すと、かなり後になるが、35行目の「ポエジイの実体（7字）」がこの二つの要素と字数の条件を満たしている。「ポエジイ」は厳密には「詩情」のことであるが、日本では「詩」そのものを言う場合もあるのでかまわない。そのあたりではもう話題が「主観」のことになっているから、「ポエジイ」は内面を表現する「抒情詩（じょじょうし）」のことととってよい。

傍線部2の問二は、「叙景的な俳句」との「対比」であって「三字以内」というのでは、今の「抒情詩」しか選びようがない。「詩」を広く取る場合は、一般に言う「詩」だけでなく「和歌・俳句」のようなものも含んだ韻文（いんぶん）全体を意味するので、「叙景的な俳句」を端的に置き換えれば「叙景詩」になるから、対比としてうまいわけである。なお、詩は大きく「抒情詩・叙景詩・叙事詩」の三種類に分類されることも知っておくとよい。

第二段落は、前段落で論じたことを「こうした見地」でうけて、そこから「立言（りつげん）（自分の論を立てる）すれば」として筆者自身の意見に踏み込むという宣言をしているが、まだこの段落では、蕪村に対する「世俗」や「芥川（龍之介）君」の理解を非難している段階である。

傍線部3の問三は、問一が「抜き出し」であり、他にも「文中の」という条件の設問が多くあるのに対し、単に「書き換えよ」であることに注意する。つまり、「世俗に／誤られている」の二要素を自分の言葉で置き換えて十字以内にすればよいので、**解答例**では「世間で誤解されている（10字）」とした。

ここで、この傍線部の直前の「蕪村の」という文節に注目してもらいたい。ここの「の」という助詞は〈主格〉として用いられており、ここでは「が」の意味である。古い文章にはよく見られる用法なので、これに慣れることもこの文章を選んだ狙いとして重要。そして、それが設問そのものになっているのが**傍線部4の問四**で、現代語では一語になっている「その（連体詞）」を「そ／の」と古語のように指示語と助詞に分けた用い方をしていることを狙った出題になっている。そうするとこれは「それが」の意味になるので、この部分で主語になりうるものを上に探すと、「芥川君」以外にない。下に読んでも芥川龍之介の蕪村の見方を言っているとわかる。したがって、これに〈主格〉の「が」をつけて「芥川君が」とすれば字数もぴったりである。

問五のはじめの空欄5は「【5】の強いポエジイ」として捉えると、5行目から「この『主観』こそ、正しく蕪村のポエジイであり」とあるのと対応していることがわかる。空欄の部分は蕪村について誤解されている記述であるから、ここで「〜がないからだ」というならば、本当ならばあるということなので、蕪村が「正しく」もっているものを選べばよいのである。すると、問一で考えたように、こんどはキーワードの「主観」が正解として文句ない。「こそ」も、〈強調〉の助詞なので空欄下の「〜の強い」の根拠になる。

第三段落もまだ蕪村を誤解した側への非難が続くが、その初めにはっきりと「罪は〜にある」と、いわば犯人を特定し、それが（正岡）子規とその門下生である根岸派（根岸短歌会）の俳人だと決めつけている。ここにまた**空欄5**があるが、今考えた語を入れて「主観とヴィジョン（想像した姿）」とすれば、並列語として十分に通る。

問六の傍線部6は、その上にある「子規一派」のものであって「この」で指しうる言葉で「文学イデオロギー（思想・主義）」となると、24行目にわざわざ「　」に入れて示している「写生主義」が適している。ところが、ここで疑問を感じるのは傍線部の下の「〜によって蕪村を批判し」という記述であって、それならどうして29行目で「写生主義の規範的俳人」になりうるのかわからなくなるであろう。これが、この問題の解説の第三段落（P117〜118）で言っておいたことで、「批判」という語が、現在一般に用いる〈他者の行動などを非難する〉というようなものではなく、この時代にはもう一つの〈物事を判定・評価する〉という意味に用いられることがあるのである。先に言っておくと、これは30行目の「再批判」でも同じように用いられている。したがって、文章に矛盾は生じないから、「写生主義」が正解でよい。

最終段落は、31行目にまた「立言」が出てきて、今度こそ蕪村の本質に対する筆者の考察が述べられて結論部となっている。その積極的な説明は32行目の「蕪村こそは」以下のすべてで、同じような内容が言葉を変えて何度も繰り返されている。ここに問五で正解とした「主観」が現れ、それを有していることと並べて、傍線部7を含んで「イデアの痛切な思慕を歌った」と述べている。この形であると、「一つの強い主観」と「イデアの痛切な思慕」は同類のものの言い換えで、「有し・歌った」と動詞を変えて並べていると取っておかしくない。漢詩の対句（ついく）表現のようなものである。

問七は傍線部7だけを見ないで「思慕」まで続けて考えると、まず37行目の「子守唄の哀切な思慕」が目につくが、これでは「イデア」に対応する言葉が「子守唄」になってしまって、設問の「内実」にはおかしいし、字数も合わない。だがこれを、その前に置かれている「彼の魂の故郷に対する『郷愁』」が、やはり同じようなことを言い換えて並べたものとみればそこも候補になるはずで、その場合、「イデア」に対応する言葉は「魂の故郷」となって字数に合うし、これならば設問文で説明されている「永遠で理想的な」ものと言っておかしくないし、「故郷」という場所であるから内面にとどまるだけでなく、「形」という説明にも適している。

そして**傍線部8**の**問八**は、「主観」についてだから、さきほど32行目について考えたように、「イデアの痛切な思慕」が対句表現として根拠になりうる。すると、今度は「主観」という内面のものであって、「二字」で答えなければならないから、問七で見た「彼の魂の故郷に対する『郷愁』」の「郷愁」が適している。傍線部を「蕪村における／この『主観』の実体」としてみれば、今の部分の「彼の／～『郷愁』」がぴったりと対応しており、ともに「 」にくくられているのも一つの根拠となりうる。気を付けるのは、「思慕」を選ばないこと。「郷愁」は、「郷／愁」と分けて「故郷（ふるさと）に対する／情緒的な思い」という意味で、思いの対象がはっきりしているが、二字で「思慕」だけではその対象がわからない。

この問題は文章が短くてその点は楽なようだが、そこにこのように多くの設問があると、複数の設問で同じ場所を根拠や解答としたり、問八のように他の設問の傍線部を根拠として利用したりしなければならない場合もあって、長文の問題よりもかえって難問になりやすいので、文章が短いからといって油断してはならない。

解　答

問一　ポエジイの実体（7字）
問二　抒情詩（3字）
問三　世間で誤解されている（10字）
問四　芥川君が（4字）
問五　主観
問六　写生主義
問七　魂の故郷（4字）
問八　郷愁（2字）

第七講

最後は解答力確認問題として設問が基本的なものを選んだ。これならば、ここまで来られた人なら満点でもおかしくないくらいである。なんでこんなのがここにあるんだと思った人も多いのではないだろうか。ただ、易しいと思って確実に根拠をおさえることを怠っていい加減にやると、何でもなさそうな設問で転んでしまうことがありがちなので、とにかく易しい問題でも確実な解答力を発揮することを狙いとして出題した。

出典の内容は広く〈文化論〉の一部であるが、ここだけみると〈人生論〉になっているとも言える。設問の易しさと文章の読みにくさがアンバランスなので設問を難しく考えすぎてしまうということはあるかもしれない。文章の読み取りに関しては、補助として私の説明も加える。文章解説はかなり難しいということを覚悟して読むこと。

また、初出のものとして〈現古融合問題〉の設問を含んでいる。第六講も古典にかかわる文章であったが、古文そのものは含んでいなかったので、ここの一問だけの解説で、このタイプの問題の、〈現代文の一部としての解き方〉を身につけてもらいたい。

第一段落は、まず「旅」においての「想い出」によって「おのれのアイデンティティを確認する」ことができるということが書かれている。「アイデンティティ」は重要語なので、4行目から示されている「自分が自分であること」という意味をよく理解して覚えておくこと。また、ここの「アイデンティティとは」の「とは」は、何かを〈定義〉するときの言い方であり、これを用いて説明されている内容が設問の決め手になることも多いから、これもしっかり頭に入れておくこと。

もう少しくわしい説明を加えると、今の定義のうち初めの「自分」は表面に出ている自分で、後の「自分」はもっと根本的な確実不変な本来の自分のことである。だから、何かその人らしくないことをしたりしたときなどに「アイデンティティが失われている」という言い方をする。本文内では6行目の「もう一つ別の確実な自分」というのが、今説明した後のほうの「自分」にあたる。

ここに**問二の空欄A**があるが、これがまず第一の実力確認問題。これを間違っていたら、まったく基本ができていないか、問題をなめたかである。Aで始まる文の末尾に「からである」とあるのだから、〈理由〉を説明する接続詞でなければならないので、「イ　なぜなら」が正解。「なぜなら〜から」のような一定の組合せで用いられている関係を〈呼応〉という。内容的にこの呼応の文によって前の事柄が理由説明されていることを、さっき加えたくわしい説明をもとに、自力で確認してもらいたい。

それがまた、**第二段落**で「パスポート」に関して説明される。続く**第三段落**初めの「さて」は〈話題を転換する〉接続詞であるから、ここではちょっとおかしな感じがするけれど、新たな題材を導入するというつもりで用いたものであると思われる。

パスポートは、13行目の「照合のための写真を貼付(ちょうふ)する」ということでアイデンティティの証明に役立っているのだから、15行目から「外的、現実的な自己同一性にかかわるもの」と言っているわけである。つまり、さっきの説明でいうと、パスポートが後の「自分」で、それによって確認されるのが前の「自分」ということになる。設問になっていないが、14行目下の「それ」が何を指しているかわかって読んだだろうか。「それは~にかかわるもの」と続くから「自分が自分であること」そのものではなく、それにかかわって「証明してくれる」ことを指す。その証明が「~自己同一性ではなくて、~自己同一性」にかかわっているというわけである。

問二の空欄Bは、この前で「アイデンティティ」を「心理的、精神的」と「外的、現実的」とに分けたのに対し、17行目から「~という~区別はそれほど決定的なものではない」と述べて、分けたことにたいした重要性がないということを示しているので〈逆接〉の「オ　けれども」が正解になる。一応区別はするけれど、その区別はそれほど決定的ではない、というつながり方である。細かい点では、空欄Bの直前が「~である」ではなく「~ではある」であったことに気づいただろうか。この「は」はあえて言えば〈重要性の減殺(げんさい)〉という働きをしており、そこで述べた内容が次に〈逆接〉でひっくり返されることの前触れとしてよく用いられる。

ではどうしてその区別がそれほど決定的でないのかということの理由が、その次の文で示される。20行目の文末が「からである」でそれがわかるが、18行目半ばの「自分が自分で~」の初めに「なぜならば」とおいて〈呼応〉させれば、なおわかりやすいだろう。ここで述べているのはパスポートを失ったときのことで、そのときの不安が「外的、現実的」なものならばこの区別には意味があるけれど、そうではない空欄Dが脅かされるのだから、パスポートに関して示した区別は決定的なものでない、という論じ方をしている。

問三の空欄Cは、13行目の「照合のための写真」は、パスポートや身分証明書の場合、上半身を正面から写したものであるから、選択肢の中では「ウ　顔」が最も適当。**問四の空欄D**は、「自己同一性の区別」が失われることの理由説明の部分にあるのだから、顔のような「外的、現実的」ではない側として挙げられているものが入る。そうなれば「心理的、精神的」のうちのどちらかだが、ここでは二つの考え方で同一の答えが導ける。まず簡単に言えば、17行目では「精神的」しか示していないので、15行目文頭の二つをこれで代表させたと考えれば、文脈的な根拠になりうる。もう一つの考え方は、「顔」という〈存在〉を失うことと並べるならば、「精神」という〈存在〉のほうが、「心理」という〈状態〉よりも適しているということである。この、〈「心理」は「精神」という存在の一時的な状態だ〉という関係で解く設問はかなりよく出されるので、これも十分に理解しておくこと。いずれにせよ、空欄Dには「精神」が入る。

第四段落は、「まことに旅においては~のである」としてこれまでの内容を確認してまとめてから、23行目の「そして」以下で新たな話に進んでおり、その端的なキーワードは26行目の「〈通過儀礼〉」

で、これはその後の二つの段落にも連続して用いられている。

問四の**空欄E**の下に「メタファ（隠喩）」とあるのは、喩える表現と喩えられる事柄が「ようだ・ごとし」など比喩であることを示す語でつなげられた〈直喩〉に対するもので、それらの語を用いずに比喩であることを暗示する表現のことである。これも頻出の重要語であるから覚えておくこと。空欄の語で比喩される事柄はその下の「私たちの一生」で、それは「通過する」という行動によって説明されており、さらに1行目の文章冒頭とこの段落初めに置かれた語であるから、空欄Eは「旅」が意味的にも文章構成の点でも最適。

波線をとんで、**問二**の**空欄F**は、「［F］～のがそれにほかならない」という形であるから、前の内容とこの空欄の下の〈通過儀礼〉が同一内容だということになる。このように、長い記述を端的な言葉で置き換えるのは〈同格〉の働きであり、「ア　すなわち」を入れればよい。

もどって**波線部**の**問五**は、「比喩的表現」として、〈直喩〉の助動詞「ようだ」などの語はないから、やはり〈メタファ（隠喩）〉を探すことになる。すると、接続詞なく続いた次の段落に、「越えていくべき新しい敷居」とあり、この「新しい敷居」が波線部の「いくつかの時期」と同内容の比喩と取れる。難しいのは「越えていくべき」から答えに入れるかどうかであるが、入れて長くした語句を波線部に当てはめて（代入して）その下に続けて読むと「～べき～、～をきちんと通過する」となって、表現として不自然ではない。これを否定形にして「～べき～をきちんと通過できない」とすればなお、「～べき～を、きちんと」という形に無理がないことがわかるだろう。したがって、「越えていくべき新しい敷居」を答えにしてよい。だが実戦的にはもっと簡単な判定法もある。解答用紙に解答欄の枠がある場合、その大きさを見るのである。もし先に述べた解答が入る長さがなく、短かったら「新しい敷居」にせざるをえない。字数制限のない抜き出し問題を考えるときの助けとすればよい。なお、解答部分の上の「いつでも」は、下の「～がある」にかかっているので、ここまでは伸ばせない。

33行目の段落初めの「けれども」は、第五講の〈哲学〉の復習で〈深化〉の接続詞。内容的に前の事柄を引っ繰り返しているのではなく、35行目から〈通過儀礼〉が出てきているように、同方向に深めて進んでいる。

問四の**空欄G**は、他の考え方でも十分できるが、次の最終段落の始まり方を見るのがもっとも確実である。**38行目の段落**冒頭で、なんの導入もなく唐突な感じで「想い出」が出てくる。こういう場合、この前に空欄があってそれにこの言葉が入っていたとすれば唐突感はなくなり、自然なつながりとなる。そこで、入っていたとして内容を確認すると、38行目は「～によって甦(よみがえ)らせ現前(げんぜん)（目の前にある）させうるのは、～自分の過去」とあって、空欄を含むあたりの内容と一致するから、「想い出」を正解としてよい。

その「想い出」に関する事柄を、最終段落では「なにも自分の過去だけではない」として、「他人の過去」に話を広げている。41行目には「もともと死者たちを葬(ほうむ)ったのが人類文化のはじまりであった」とあるところが〈文化論〉らしいところ。

さて、**問六**の**空欄Ｈ**に戻って、〈現古融合問題〉の設問をやってみよう。その極めて重要なことは、この問題の解説の第三段落（Ｐ124）に書いたように〈現代文の一部としての解き方〉を徹底することである。つまり、その前後とつながる選択肢を選ぶのであって、ここでは芭蕉の有名なことばであることなどどうでもよいし、自分でそれぞれの選択肢を読み解けなくてもよいのである。端的に言うと、現代文問題解法の鉄則である〈文中に根拠を求めよ〉ということを徹底するのである。そのため、ここでは選択肢の漢字の読み方や語句の意味はあえて示さない。

空欄を含む部分は、「〜点で、〜と相応じ、結び付く」という形なので、空欄に対しては「まことに〈通過儀礼〉とは、人の一生を過ぎゆく旅の道程として捉えている」が根拠とならなければならない。これが不足しているものはもちろん、この部分や本文と関係ない事柄があるのも正解にはならない。その点で、アの「師匠」、イの「天地」、ウの「楽しみ」、エの「いとほしき子」が、文章に関わりないとして落ちる。オは字として「過」と「旅」があるのがよいだけでなく、「月日・百代・行きかふ年」が「人の一生を過ぎゆく旅の道程として捉えている」という記述の範囲からはみだしていないので、空欄の位置に適切なものとなっている。

問七は「問題文の〈主旨〉と合致するもの」であるから、〈趣旨〉の場合と違ってただ本文のどこかに根拠があればよいというのではなく、主題に合うものでなければならない。すると、今までの解説で触れた主な事柄のうちの「二つ」を選ぶことになる。ただ、これは〈即答法〉では無理だから、一つ一つ見てゆくことにする。

「ア」は、文章の出だしと対応しており、4行目からのアイデンティティの〈定義〉を含んでいるので、重要な説明に合致していると言える。「イ」は、「センチメンタルな追憶」が文中にない。「ウ」は、「自分が自分であることを確認出来ない」がまったくの誤り。「エ」は、「唯一の証明書」ということが言えないだけでなく、「パスポート」に関することは〈主旨〉とはいえない。「オ」は、「死者と生者の間に鮮明な区別をつけるためのみ」が40行目の「私たちとつながり」に対して「×」であるし、「とむらい」は〈主旨〉ではない。「カ」は、「通過儀礼」「自己確立」が文中でしっかりと説明されており、「強化」というのも25行目に言葉そのものがある。したがって、「ア」と「カ」が正解。なお、正解がともに選択肢の端にあるということで選ぶのを躊躇(ためら)ってはならない。実力がつけば惑わされることはないだろうが、こんなことも〈解答力確認問題〉の狙いの一つである。

解答

問一 a＝帰属　b＝脅　c＝道程　d＝深層
問二 A＝イ　B＝オ　F＝ア
問三 ウ
問四 D＝精神　E＝旅　G＝想い出
問五 越えていくべき新しい敷居
問六 オ
問七 ア・カ

参考問題

最後に参考として、現在の日本国民が第一に理解しなければならないのにかなり読解のしにくい『日本国憲法前文』について、その構文や文法に関する設問でできている問題を取り上げておく。この解説もあくまで〈構文・文法〉についてのものであって、内容や解釈には触れない。

『日本国憲法』はいくつか読みにくい点がある。まず、第六講の文章と比較するとわかるだろうが、3行目「やうに」・12行目「思ふ」・15行目「いづれ」・17行目「立たう」・19行目「誓ふ」のような歴史的仮名遣いが残っている。これは、現在の『常用漢字』の前身の『当用漢字』が制定される以前に書かれたものだからである。これを初めからわかっていて読むだけでも、気分的な違和感が薄れると思う。

また、今のは用字の違いにすぎないが、7行目「かかる」は用語自体が違っている。これは「こうした・このような」の意味でもっぱら体言にかかるものだから、問五で設問になっていたら〈連体詞〉になる。

さらに困るのは、問二にかかわることで、これはそこで説明する。

問一は、長い文の中に述語が「行動し」「確保し」「決意し」「宣言し」「確定する」と五つも並列されている。そのため、**傍線部**(1)「確定する」の位置で主語をきかれると迷いそうになるが、文頭の「日本国民は」が主語としてすべての述語にかかっている。なお、「主語」「述語」「修飾語」というように文法的に「○語」という場合は〈文節〉がそれに当たるから、主語のように名詞を主体とする場合には「が・は」などの助詞を伴う。したがって、ここでは本来「日本国民は」が答えになるはずであるが、他の設問との比較でいうと、出題者はそこまで厳密な要求をしていないように思われるので、「日本国民」も正解として許容することにする。

問二は、古語と現代語の単語の扱いの違いによる問題点がかかわってくる。第六講の問四で説明したように、「その」は現代語では一語の〈連体詞〉であるが、古語では指示代名詞「そ」と助詞「の」に分かれる。したがって、第六講のように「そ」だけで指すものを単純に考えてから答えるのならばよいのだが、現代語ではこのように余計な「の」まで含んだ語で考えなければならないことがしばしばあり、こうした場合は仕方がないから「そ」で指すものを答えればよい。

次に、これは〈法律文〉によくある構文で、「○は、」としてまずこの文が何について述べられるのかという語を示し、それをその後に続く叙述の中では指示語で指して用いるものである。たいていの場合「○は、」は文頭に置かれるから、ここでも**傍線部**(2)(3)(4)の三つの「その」を含む文の初めを見て「そもそも国政は」から不要な「そもそも」を外して、「国政」だけを指しているものと思えばよい。第六講の問四では「その」の「の」が〈主格〉であったが、ここではふつうの〈連体修飾格〈英語の所有格〉〉の「の」であるし、単なる指示語問題であるから、答えに「は」は不要。

問三は、初めに説明した「かかる」に関する設問。**傍線部**(5)の上の文の後半に「この憲法は、かかる原理に基づくものである」とあり、「かかる原理」はその前の「人類普遍の原理」を指している。そして、傍線部を含む文では、「これに反する一切(いっさい)の憲法～を排除する」とあるから、「これ」が「かかる原理」を指すならば、この憲法は原理に「基づく」ものだからこの原理に「反する」憲法（ここでは各条文のこと）などは排除する、というのは筋が通っている。傍線部そのものは直接には「かかる原理」を指しているが、これがまた同文の中の内容のある語を指しているので、設問文に「直接に」という条件がなくこうした形になっている場合は、内容のあるほうを選ぶようにする。この設問だけあえて示している制限字数からいっても、「人類普遍の原理（7字）」が適当。

問四がまた構文に大きな難点をかかえているもので、明治期以来の〈翻訳体〉に頻出する形を設問にしている。傍線部(6)を含む一文は「われらは、～国際社会において、名誉ある位置を占めたいと思ふ。」というのが主骨格である。そしてその「国際社会」の説明として「平和を維持し、～と努めてゐ(い)る」と述べており、この一節がこれ全体で修飾語のようになって「国際社会」にかかっているのである。ここでは英語のように考えて、「国際社会」の前に関係代名詞「that」を挿入してその一節を

〈従属節〉としてみればわかると思う。となると、**傍線部(6)**は従属節中の述語だから、主語は、英語ならば〈先行詞〉にあたる「国際社会」ということになる。これはまったく、本来の文法的な「語」として文節で抜き出すことはできない形なので、こう答えるしか仕方がない。

問五は純粋な品詞問題。これも現代語としては疑問点のあるものを含んでいる。**傍線部**(a)がそれで、これが「どの」ならば〈連体詞〉で文句ないが、この形できかれてしまうと、古語が現代語に残存したものとして単独の〈名詞〉扱いするしかない。日本語の〈品詞〉そのものには〈代名詞〉はなく〈名詞〉の下位分類になるのだけれども、ここではあえて「イ　代名詞」をおいているので、一応これを正解にしておく。〈不定称〉の代名詞である。ただし、日本語の品詞には〈代名詞〉はないということから確信をもって「ア　名詞」を選んだのならば、それも立派な正解にしよう。(b)の「のみ」は「コ　助詞」のうちの〈限定〉の「副助詞」。(c)の「ない」は上の動詞「なる」を打消しているので、形容詞ではなく〈打消〉の「ケ　助動詞」。(d)の「で」は形容動詞の語尾ではなく〈名詞＋だ〉の形であり、これも「ケ　助動詞」で、〈断定〉の「だ」の連用形。(e)の「かけ」は「ウ　動詞」の「かける」の連用形。

解　答

問一　日本国民は（または）日本国民
問二　国政
問三　人類普遍の原理（7字）
問四　国際社会
問五　a＝イ（または）ア　b＝コ　c＝ケ　d＝ケ　e＝ウ

ついに最後まで来たな、立派なものだ。

この本だけでも入試現代文に必要なことは大体書いてあるから、これらを身につけたら、どんな参考書や問題集にも向かえるはずだし、受験校によってはもう過去問（かこもん）にも挑戦できるはずなので、どんどん数をこなすようにしてもらいたい。

君らの入試に本書が役立つことを、強く願っている。

田村秀行

〈著者紹介〉 田村　秀行

1952年（昭和27年）東京都大田区生まれ、世田谷区育ち。

京都大学文学部哲学科卒、仏教学専攻。

塾講師・プロ家庭教師を経て、1982年（昭和57年）より代々木ゼミナールの現代文専任講師となり、のち小論文や現古漢総合の講座も担当する。

著書に、本名で『田村の現代文講義』シリーズ（代々木ライブラリー）、『日本語力の磨き方』（PHP研究所）など。古典紹介のペンネーム大伴茫人（おおとものぼうじん）で『姫様と紀貫之のおしゃべりしながら土佐日記』（学研M文庫）、『さらさら読む古典』シリーズ（梧桐書院）などがある。

愛好する作家は、樋口一葉・泉鏡花。好みの時のすごしかたは、一人静かな酒。

《改訂版》田村のやさしく語る現代文

著　　者　田　村　秀　行
発 行 者　高　宮　英　郎
発 行 所　株式会社日本入試センター
〒151-0053 東京都渋谷区代々木１-27-１
代々木ライブラリー
印 刷 所　上毛印刷株式会社　Ⓟ11

●この書籍の編集内容および落丁・乱丁についてのお問い合わせは下記までお願いいたします
〒151-0053　東京都渋谷区代々木1-38-9
☎03-3370-7409（平日9:00～17:00）
代々木ライブラリー営業部

ISBN 978-4-86346-752-1　Printed in Japan

《改訂版》田村のやさしく語る現代文

問題篇

田村秀行

目次

第一講　問題

解説↓本冊76P

次の文章を読んで、問いに答えよ。

日本人の言語以前の感性の中には詩的なものに対する相当強い感受性が潜んでいると思います。そういう感受性もたぶん古代からの日本語によって培われてきたものでしょう。ぼくがよく挙げる例は、テレビのコマーシャルです。外国に行って見ていると、商品の名前を連呼したり、あるいは自分の商品と他の会社の商品を比較して優劣を言ったりという極めて論理的なものが多いんですよね。

だけど日本のコマーシャルの一つの特徴は、詩的なコマーシャルが多いということだと思うんです。たとえばよく電車の中吊りなんかで見るけれども、ただ大きな木が一本草原に立っているだけという写真でエア・コンの宣伝をしている。ぼくはあれはやはり見る人の詩的な感受性に訴えているという気がする。

［A］、前にカンヌで賞を取ったコマーシャルで、雨の中を子犬がトボトボ歩いていくだけというのがあった。それは何のコマーシャルか見ているうちはわからないんだけど、終わったときにただポンとウイスキーが出てくる。ぼくはたぶん外国の人はそういう

ものをコマーシャルとしては認めないんじゃないかと思っていたけど、それがちゃんと賞を取ったところをみると、やはり日本語以外の言語を母語としている人たちのなかにも、そういう詩的なものがたしかに潜んでいると思うんです。だけどああいうものがつくれて、しかも企業がそれに合意してCMとして成り立つというのは、日本人の深層意識の中に一種のそういう詩的な感性が非常に濃くあるからだと思います。

①それは短歌、俳句の隆盛ともかかわりがあるだろうと思います。自分を、個というものを強烈に、つまり弁舌で豊かに表現するよりも、短歌とか俳句みたいに、ある意味では曖昧な自分をそんなに強烈に主張しない形で表現するほうが日本人に合っているのではないでしょうか。

そうした詩的な見方というのは、日常の、たとえば金が要るとか、あるいは組織の中で競争するとか、そういう人間の現実を構成しているものからちょっと離れたところで、利害とは関係のないところで世界を見る見方と言えばいいのでしょうか。

日本人はそれを［ B ］とかそういう言葉で――わび、さびなんかも大きな意味ではそういうものに近いのかもしれないけれども――ずっと持ち続けてきて、それをちゃんと言語にしたり、あるいは作品にしたりしてきています。そういうものが一部の芸術家のものであり権力者のものであったのかというと、たしかにそういう面はあったにしても、いまでも巷（ちまた）の人たちのあいだにも感性として受け継がれているという気がするんです。

[C]、短歌にしろ俳句にしろ、はっきりした韻文の定型の中で自分の気持ちを解放することで、ごちゃごちゃしたせめぎあう日常の感情から一瞬離れることができて、自分を距離をとって見ることができる、それが救いにつながっているんだろうと思うんです。

短歌、俳句で表現されればはっきり形として目に見えるけれども、そういう詩的なもので自分の人生を見るというのは、日本人が[D]に持っているという感じがします。それは必ずしも現代詩の詩作品とかそういうものに限らない、もっと何かいきいきと生きて動いているものではないのか。そのなかには当然通俗なものもありますが、でもそれを、これはたぶん日本人に限らず、人間が必要としているんだろうという気がします。

たとえば世界的にいま音楽市場というのが非常に巨大になってきて、文学よりはるかに先に音楽はそれこそ世界言語として流通しています。それはテクノロジーの問題もあるし、翻訳が不要だということもあるし、いろんな違いがあるんだけれども、あれもぼくは広い意味でみると、日常性からほんのちょっとでも浮き上がって、何か自分を解放したいという欲求につながっているという気がするんです。

ぼくはこうしたことを広い意味で詩的なものへの欲求と見ています。簡単に言えば、ぼくはいま人間の生活を散文と詩の対立というふうに見ているんです。それは相補うものであって、つまり②散文的なものの見方なしでは現実生活はおくれないわけだし、かと言って散文的な見方だけでは、人間というのはやはり魂にある飢えを感じるだろうというふうに言えて、その散文でも最も極端な形がコンピューター言語だと思っています。

〈谷川俊太郎「日本語を生きること」〈大江健三郎・河合隼雄・谷川俊太郎編『日本語と日本人の心』（岩波書店）所収〉による〉

問一 [A]、[C]に入れるのに、最も適当と思われることばを、それぞれ次の中から選び、その番号を答えよ。

1　しかし　　2　ところが　　3　だから
4　やはり　　5　そのうえ　　6　それから

問二 [B]に入れるのに、最も適当と思われるものを、次の中から選び、その番号を答えよ。

1　脱俗　　2　超俗　　3　無常
4　無情　　5　風流　　6　風情

問三 [D]に入れるのに、最も適当と思われるものを、次の中から選び、その番号を答えよ。

1　本能的　　2　潜在的　　3　常識的
4　意識的　　5　観念的　　6　知覚的

問四　傍線①で筆者は「それは短歌、俳句の隆盛ともかかわりがあるだろう」と述べているが、そう考えた理由として最も適当と思われるものを、次の中から選び、その番号を答えよ。

1　日本語が詩的な感性に恵まれているから。
2　日本人の深層意識の特性からきているから。
3　日本人は曖昧性を大切にする特質があるから。
4　言語表現は現実の利害から離れることが必要だから。
5　日本人は詩的な感性を日本語によって培ってきたから。

問五　傍線②の「散文的なものの見方」とはどのようなものか。最も適当と思われるものを、次の中から選び、その番号を答えよ。

1　恣意的な発想が可能になる考え方
2　世界的に共通理解が得られる考え
3　日常的な感覚を失っていない見方
4　論理的に組み立てられた思考性
5　社会的現実をふまえた言語感覚

第二講　問題

解説→本冊83P

次の文章を読んで、あとの問いに答えなさい。

　今日の都市生活に欠かせない行列という社会現象がある。行列という形式そのものは、カラハリ砂漠の狩猟採集民サン人が狩りなどで遠出するときにも組まれ、西洋では戦争の捕虜を行列させたことが古代の歴史書にもみえる。しかし、モノを手に入れたりサービスを受けたりする順番を待つ行列は、近代の工業化社会に特有のものだろう。小さな個人商店では並ぼうとする買物客はいないが、スーパーマーケットでは工場の（注）アセンブリィ・ラインのように、客がレジで列をつくることがaゼンテイにされていることは行列の工業社会的性格を端的にしめしている。

　駅の切符売り場やタクシー乗り場や学生食堂などでの行列は以前からあったが、近ごろではデパートのトイレの前や、昼食時の都心の食堂でも行列はあたりまえの光景になった。今日の大都会がそうであるように、一般にモノやサービスの需要――供給関係に一定程度以上の不均衡があるところでは、どこでも行列ができる可能性がある。難民キャンプの行列ではモノの（　Ａ　）の不足が強調され、モノやサービスの（　Ａ　）に不足はないはずの現代日本のアイスクリーム店やコロッケ屋の行列では（　B　）が浮き彫りにされる。

しかしながら、たとえ需要――供給に顕著な不均衡があっても、身分や地位にかかわらず先客（着）優先の原則がなければ、だれも列をつくって順番を待とうとはしないだろう。行列が頻繁にみられる現代の公共的場面では、年齢や社会的地位や性差や人種差などは体系的に無視されるが、そうした先客（着）優先の平等主義がないところでは行列は生まれない。行列をつくって順番を待つという習慣は、たとえば士農工商の身分制社会ではかんがえられないように、元来が西欧の近代社会に特有な行動様式なのである。

さらにいえば、行列は用件をひとつずつかたづけるという近代的事務処理の発想に根ざしている。

以前ギリシアで調査中に気づいたことだが、ギリシアの役所や銀行などでは、相談事をもってくる人を、先客にかまわずつぎつぎと自室に入れ、用件を聞いて、処理しやすいものから答えていくというやり方をとることが多い。アラブ社会でも伝統的には同様な方式がとられるようだが、このような事務処理の習慣をもつ社会には行列はなかなかなじまないようだ（ギリシアなどでは行列は後ろの者もやりとりがみえるように横並びになる傾向がある）。【Ⅰ】

このようにすぐれて近代的慣行である①行列には独特の論理と構造がある。【Ⅱ】

行列はもちろんその前段階、「行列以前」からはじまる。飛行機の国内便に乗るために、出発の一時間半くらいも前に空港にいって待機してみたりするとわかるが、そんな早い時間にもチェックイン・カウンターのあたりにはたいてい何人か様子をうかがうように立っている人がいる。だれかがカウンターの前に立つと、すぐ後ろに行列ができる。あまり人が少ないと早くから並ぶのもバカバカしくて苦痛だが、その間にもたがいの着順と位置を目で確認していて、だれかが並んだとたんに心配になって並ぶのだろう。電車を待つ駅のホームなどでもおなじようなことがおこることがある。サービスを受ける側がサービスをあたえる側より先にあつまり、需給関係がさほど切迫していないときにこのような②「半行列」が胚胎（はいたい）する。【Ⅲ】

また、客がひとりのあいだは、待つ側の客と待たせる側の店員や係員との（　C　）的関係だけが問題だが、客がふたり以上になって列ができると、そこに待つ者同士の（　D　）的関係の問題がくわわってくる。ひとりで待たされているあいだは、無力感や退屈や苛立（いらだ）ちとたたかっていればよいのだが、行列ができたとたんに、割りこまれないように、礼儀の範囲内で相互監視しなければならない。新聞や雑誌をひろげてみても、目を周囲にくばり、とくに前方に一定以上の間隔をあけないようbジョジョに前にすすまなければならないから、落ちついて読むことはできない。【Ⅳ】

そうした行列では、並んでいる人びとのあいだの距離は、一般に前方より後尾でより

（　Ｅ　）なる。前にすすめばすすむほど目的志向性が鮮明になるのに対して、目標の順番がまだ遠い後方では待ちながら注意がほかにも向けられるからだろう。また、待つ者が多く、行列が長ければ長いほど、目的志向性が無意識にも強調され、並ぶ人間の身体間の距離は（　Ｆ　）ことも観察できる。【Ⅴ】

行列について一書をあらわしたアメリカの社会学者、Ｂ・シュワルツによれば、行列に並ぶ不快感は、待たされる側の待たせる側に対する無力感や、その間ほかの有益なことができるはずだという焦燥感とともに、知らない人間といっしょにいることの不安感に由来するとのべている。

もちろん、仲間と連れだって野球の切符を買う行列に並んだりするのは、苦痛どころか大きな楽しみだろう。ひたすら前方を志向する行列の禁欲的性格が陽気な社交色に塗りかえられるからだ。しかし、そんな場合をのぞけば、知らない者と近接する不安や不快感は、たんなる雑踏とはちがって、行列のなかでは、前の人の後頭部や背中をみせられる「フェイス・トゥ・フェイス」（対面）ならぬ「フェイス・トゥ・バック」（対背面）というきわめて特異な相互交渉が生じるためにいっそう高じる、とシュワルツはｃシテキしている。日本語で「背を向ける」とは無視や拒絶を意味するが、欧米社会でも同様で、相手から背中をみせられれば、冷ややかに無視され、おとしめられることにほかならない。

したがって、他人の背中などのぞみたくはないのは当然だが、さらに不愉快なのは、自分の背面を後ろの人にみせることになることだ。だれでもからだの背面は前面のようにはコントロールがきかず、身だしなみがいきとどきにくい。そのために、dトウワクするような汚れがあるのではないかと後ろの人の視線に落ち着かない気分にさせられる。そのうえ、後ろに立つ人の視線は自然に前の人の後頭部に向くが、日本人の女性が襟足に念入りの化粧をほどこしたりするように、身体のそのあたりは特別な（とくに性的な）意味をもつことが多い。ヨーロッパの民俗でも後頭部はしばしば性的象徴性をになわされていて、フランスの一部では「妻は夫に頭の後ろ側を見せてはならず、ましてや見知らぬ男に見せてはならない」といわれたという。行列に並ぶことは、そのような美的にも象徴的にも隠蔽（いんぺい）すべき身体部位を見知らぬ人間の視線にさらすことになるのだ。

こうして、行列は、③〝前憂後患〟の二重苦に人をおとしいれる。この苦痛はじっさいにはななめに向いて立つことでいくらかeカンワされはする。また、たまたま先をゆずられたときの解放感でつかのま苦痛を忘れたりもする。が、ともかくこれが公共の場での効率と平等原理のためにわたしたちが支払う代償なのだ。

（野村雅一『身ぶりとしぐさの人類学』（中央公論社）による）

（注）アセンブリィ・ライン（assembly line）＝組み立て流れ作業。

問一 傍線部a～eのカタカナ部を漢字に改めなさい。

問二　（　　）A～Fにはいる語句として最も適当なものを次から選び、それぞれ符号で答えなさい。

ア　合理　　イ　解放　　ウ　需要　　エ　供給　　オ　事務
カ　合法　　キ　心理　　ク　閉鎖　　ケ　社会　　コ　広がる
サ　縮まる　シ　大きく　ス　小さく　セ　変わらない

問三　次に挙げる一文は、本文中の【　】Ⅰ～Ⅴのどこに入れるのが最も適当か。符号で答えなさい。

「待つことは副次的活動ではありえず、どうしてもその場の〝主要関与〟にならざるをえないのだ。」

問四　傍線部①「行列には独特の論理と構造がある」とあるが、筆者は「行列」にはどのような考え方が潜んでいると述べているか。本文中から十字以内の言葉を二ヵ所抜き出して答えなさい。

問五　傍線部②「「半行列」が胚胎する」とはどういう意味か。次の説明の中から最も適当なものを選んで、符号で答えなさい。

ア　行列の始まるきざしが見受けられる。
イ　行列を短くするための知恵が生まれる。
ウ　行列を軽視するような雰囲気が生まれる。
エ　行列の先頭に立とうとする競争が始まる。

問六　傍線部③「〝前憂後患〟の二重苦」とはどのようなものか。七十五字以内で説明しなさい。

第三講　問題

解説→本冊94P

次の文章を読んで、設問に答えよ。

蟬（せみ）のおなかの中に何が入っているか知っていますか?　実は何も入っていないのです。本当です。（　ア　）、A私は、蟬のおなかをちぎってみたことがあるのです。ぴりぴりと引きちぎったら、そこには何もありませんでした。私はなんだか裏切られたような気持になりました。（　イ　）、そこから色とりどりの内臓が出て来たら、私は1ソットウしてしまったかもしれませんが。Bそれにしても驚きです。あのうるさい程の蟬のおなかの中が空洞だったなんて。私は、今でも、小さな頃に見つけ出した数々の不思議を覚えているのですが、蟬のおなかの中というのは、それらの内のひとつとして、今でも記憶されています。小学校の四年生の夏休みのことでした。

私は退屈していました。きちんと自覚して退屈したのは生まれて初めてのことでした。母のいない夏でした。彼女は、弟を生むために、病院にいたのです。母方の叔母が、私の面倒を見るために、私の家に泊まりに来ていましたが、まだ若い彼女は、子供の私にはあまり興味がないらしく、私は、ほとんどの時間を自分でやりくりしなくてはなりませんでした。そのため、初めて退屈というものを知らざるを得なかったのです。

あの口うるさい母を懐しいと思ったりもしました。私は、あらゆる制約を受けることなく、夏を生きのびなくてはなりませんでした。それがどんなに大変であるかを、私は、ようやく悟りました。今まで、うっとうしいと感じていた、先生や母などが、（　ウ　）、子供にとっての生きるための必要条件だと気付くのに時間はかかりませんでした。私は、C必要なものを失った暑い空間に、放り出されて行き場を失っていました。

夏は嫌いではありません。毎朝のラジオ2タイソウは、とても、ほほえましいものだと思いますし、近所の子たちとプールに行った後に食べるアイスクリームなどには捨てがたい3ミリョクがありました。（　エ　）、一日に、少なくとも一度は、呆然としてしまう瞬間があるのです。自分は、いったい何者なのだろうと、考えこんでしまい、たたずんでしまうことがあるのです。暑さに足を取られたようなその感覚。聞こえるのは蝉時雨だけです。それは、その瞬間の私にとって、生き物の鳴き声ではないのです。夏という空間に取り残された私を世の中から隔離するカーテンなのです。

私は、じっとりと汗をかき、ぼんやりとしています。私は、本当に生きているのだろうか。そんなことすら考えてしまいます。太陽の陽ざしによって熱せられた空気は、私の内にある訳の解らない嫌なものを刺激します。私は、幼い頃にして、4スデに、夏によって腐敗する自分の内側に存在するものに気付いていました。D夏には、何をしてもいいんだわ。今の私のこの投げやりな姿勢は、この時から、つちかわれていたのだと思います。

大人になった今、私は、すっかり呑気（のんき）な人となり、激しい感情を5マクで覆ってしまうことを覚えましたが、今でも、夏の暑い日、心のはしが少しばかり腐敗するのを感じます。怠（だる）さのあまりに頬杖を突き、自らを持てあます時、私は蝉のおなかのことを思い出すのです。空虚と呼ぶのでしょうか。私は、世の中のざわめきが、何やら、からっぽのように感じるのです。その時、私は、自分がこれまでに犯してきた数々の悪事について考えます。私は、今までに一度も社会的な罪を犯したことはありませんが、E形を成さない罪を数多く重ねてきました。私は、何人もの人を殺して来ました。私は、何匹もの動物を殺して来ました。それが、心の中だけで行なわれたことに、ほっとする思いですが、あの蝉のおなかをちぎってしまったことは、消しようのない事実です。あれが、私の犯した、最も［　］的な罪だったと、今、思うのです。

（山田詠美「蝉」〈『晩年の子供』所収〉（講談社）による）

問一　傍線部1～5のカタカナを正しい漢字に改めよ。

問二　空欄（　ア　）～（　エ　）に入れるのにふさわしい語の組み合わせは次のどれか。一つを選んで、番号で答えよ。

①（ア）実は　（イ）だって　（ウ）けれど　（エ）もっとも
②（ア）だって　（イ）けれど　（ウ）実は　（エ）もっとも
③（ア）けれど　（イ）実は　（ウ）もっとも　（エ）だって
④（ア）だって　（イ）もっとも　（ウ）実は　（エ）けれど
⑤（ア）実は　（イ）けれど　（ウ）もっとも　（エ）だって

問三　空欄［　　］に入れるのにふさわしいことばを、次の中から一つ選んで、記号で答えよ。

（ア）本質　（イ）社会　（ウ）形式　（エ）抽象　（オ）具体

問四　傍線部Aについて、ここでの「私」は、なぜこのようなことをしたのだろうか。理由として最もふさわしいものを次の中から一つ選んで、記号で答えよ。

（ア）口うるさい母が懐かしくなり、その寂しさをまぎらわしたいと思ったから。
（イ）うっとうしいと感じていた先生や母などの存在が子供にとって必要だと確認したかったから。
（ウ）蟬の鳴き声は、どのようにして起きるのかを知りたいと思ったから。
（エ）夏の暑さに心が腐敗してしまい、残酷な罪を犯したくなったから。
（オ）「私」を世の中から隔離するカーテンのように感じられる蟬の鳴き声を、消し去りたいと思ったから。

問五　傍線部Bについて、このことから最終的に「私」は、何を発見したと考えられるか、問題文全体の内容をふまえて、答えとして最も適切なものを次の中から一つ選んで、記号で答えよ。

（ア）　真理　　（イ）　虚妄　　（ウ）　他者　　（エ）　自己　　（オ）　絶対

問六　傍線部Cの「空間」とはどのようなものか。「〜という空間」に続くように、文中のことばを用いてこの内容を説明せよ。その際に、字数は二十字以内で答えよ。

問七　次の文は、「今の私」が、傍線部Dのように考えるに至った理由を説明したものであるが、空欄を補うのにふさわしいことばを問題文中よりそれぞれ制限字数以内で抜き出して文を完成させよ。ただし、句読点は字数に入れない。

「私」は幼い頃から、夏になると呆然としてしまう瞬間を経験してきた。その瞬間は、蟬時雨によって外界と遮断されたように思われ、［1　十四文字］とか［2　十五文字］といった形での自己省察を私に強いてきた。その結果、「私」は、自分の存在意義を確認するためには「何をしてもいい」という思いを持つに至ったのである。

問八　傍線部Eはどういうことか。十五字以内で説明せよ。ただし、句読点は字数に入れない。

第四講　問題

解説→本冊102P

次の文章を読んで、あとの問いに答えよ。

その御旅所で、七度まいりをしているらしい娘を、千重子は見つけた。うしろ姿だが、一目でそうとわかる。七度まいりというのは、御旅所の神前から、いくらか離れて行っては、またもどっておがみ、それを七たびくりかえすのである。そのあいだ、知り人に会っても、口をきいてはいけない。

「おや。」千重子はその娘に、見おぼえのある気がした。誘われるように、千重子もその七度まいりをはじめた。

娘は西へ行っては、御旅所へもどって来る。千重子は逆に、東へ歩いてはもどった。しかし、娘の方が千重子よりも、真心こめて、祈りも長い。

娘の七たびはすんだようだ。千重子は娘ほど遠く歩かないから、ほぼおなじころにおわった。

娘は食い入るように、千重子を見つめた。

「なに、お祈りやしたの？」と、千重子はたずねた。

「見といやしたか。」と、娘は［　A　］。

「姉の(ア)行方を知りとうて……。あんた、姉さんや。神さまのお引き合わせどす。」と、娘の目に涙があふれた。

たしかに、あの北山杉の村の娘であった。

御旅所にかけつらねた(イ)献トウ、まいる人たちが前に供えた蠟燭(ろうそく)で、神前は明るかった。しかし、娘の涙は明るさなど気にしていない。ともし火の方が、娘にきらきら宿っている。

千重子は、強い意志がわいて、しゃんとこらえた。

「うちは、ひとり子どす。姉も妹もあらしまへんえ。」と言ったが、(ウ)しかし、顔色は青白んだ。

北山杉の娘はしゃくりあげて、

「ようわかりました。お嬢さん、かんにんしとくれやす。かんにんしとくれやす。」と、くりかえした。「姉さんは、姉さんはと、小さい時から思いつづけて来たもんやさかい、えらい人ちがいしてしもて……。」

「……。」

「ふた子やいうことどすさかい、姉か妹か、わからしまへんのやけど……。」

「他人の空似どっしゃろ。」

娘はうなずくと、涙がほおを流れ落ちた。はんかちを出してぬぐいながら、「お嬢さん、どこでお生まれやした……。」

「この近くの問屋町で。」

「そうどすか。神さまに、なにをお願いしといやしたの。」

「父と母の幸福と、健康どす。」

「……。」

「あんたのお父さんは……?」と、千重子は［ B ］。

「とうのむかしに……。北山杉の枝打ちをしてて、木から木へ渡りぞこのうて落ちて、打ちどころが悪うて……。村の人の話どす。うちは生まれたてで、なんにも知りまへんのやけど……。」

千重子は［ C ］。

――あの村へ、よく行きたくなるのも、美しい杉山を見あげたくなるのも、父の霊に呼ばれてではなかったのか。

また、この山の娘は、ふた子だったと言う。実の父は、そのふた子の片割れの千重子を捨て子したことを、杉の木末（こずえ）で思いふけっていて、(エ)<u>不覚にも</u>、落ちたのではないか。そうにちがいない。

千重子の額には、冷たい汗がにじみ出た。四条の大通りにあふれる人の足音も、祇園ばやしも、遠く消えてゆくようだった。（Ⅰ）

山の娘が、千重子の肩に手をかけて、はんかちで、千重子の額を、ぬぐっていてくれた。（Ⅱ）「おおきに。」と、千重子ははんかちを取って、顔をふくと、そのはんかちを、自分のふところに入れて、気がつかなかった。（Ⅲ）

「お母さんは……？」と、千重子は小声で言った。（Ⅳ）

「母も……。」と、娘は口ごもった。（Ⅴ）「うちは、あの杉の村よりもっと山奥の、母のさとで生まれたらしいのどすけど、その母も……。」

千重子は［ D ］。

(オ)北山杉の村から来た娘は、もちろん、よろこびの涙であったのだ。涙がとまると、顔はかがやいていた。

それにくらべて、千重子は踏みしめて立つ、足がふるえるほど、心がみだれていた。すぐこの場で、ととのえられるものではない。ただ、ささえていてくれるのは、その娘のいかにも健やかな美しさのようだ。千重子は娘ほど、素直によろこべはしなかった。うれいの色が、目に深まって来そうである。

今、これから、どうすればいいのかと、迷っている時、

「お嬢さん。」と、呼んで、娘は右手をさしのべた。千重子はその手を取った。皮の厚い、荒れた手だ。千重子のやわらかい手とはちがう。しかし、娘はそんなことを、気にかけないらしく、握りしめて、

「お嬢さん、さいなら。」と、言った。

「えっ？」

「ああ、うれし……。」

「あんたの名は？」

「苗子どす。」

「苗子さん？　うちは千重子。」

「今は、(カ)ホウ公してますけど、小さい村やさかい、苗子言うとくれやしたら、じきわかります。」

千重子は［　E　］。

「お嬢さん、おしあわせそうやわ。」

「ええ。」

「今夜会うたこと、だれにも言わしまへん。誓います。知っといやすのは、御旅所の祇園さんだけどす。」

ふた子とはいえ、［　F　］と、苗子は見て取ったのだろう。千重子はそう思うと、言

葉が出ない。しかし、捨てられたのは、自分の方ではなかったのか。

（川端康成『古都』（新潮社）による）

問一 傍線部(イ)、(カ)のカタカナの部分と同じ漢字を含むものを、次の各群の①～⑤からそれぞれ一つずつ選べ。

(イ) 献トウ
① 陣トウ指揮
② 無色トウ明
③ 自己トウ酔
④ トウ火親しむ候
⑤ 鉄トウが台風で倒れる

(カ) ホウ公
① ホウ給生活者
② 社会ホウ仕
③ ホウ容力
④ ホウ負を述べる
⑤ 人口がホウ和状態になる

問二 傍線部(ア)について、次の質問に答えよ。

(1) 「行方」を「ゆくえ」と読むのは、次の①～⑤のどれにあたるか。
① 「行」も「方」も「音読み」をしている。
② 「行」も「方」も「訓読み」をしている。
③ 「行」は「音読み」、「方」は「訓読み」であるから、いわゆる「重箱読み」に当たる。
④ 「行」は「訓読み」、「方」は「音読み」であるから、いわゆる「湯桶(ゆとう)読み」に当たる。
⑤ 「行」はともかく、「方」を「え」と読むのは、「音読み」でも「訓読み」でもないから、右のどれにも当

たらない。

(2)　「行方」の使い方として正しいものを、次の①～⑤から一つ選べ。

①　次の行方は岡山です。
②　犯人は行方をくらました。
③　その件は、行方から連絡します。
④　旅行の行方が決まらない。
⑤　道の行方に赤ランプが見える。

問三　傍線部(ウ)「しかし、顔色は青白んだ」とあるが、顔が「青白んだ」原因の説明として最もよいものを、次の①～⑤から一つ選べ。

①　見知らぬ娘から、突然「姉さん」と呼ばれて、不愉快な気持ちになったことを表している。
②　「姉さん」と呼ばれて悪い気はしなかったが、しばらくは肯定しないでおこうと思った。
③　娘の言葉をきっぱりと否定してみたが、否定しきれないものが心に残っていることを表している。
④　娘の言葉は本当に違いないと思ったが、娘の身なりを見て、肯定することはできないと思った。
⑤　娘の言葉を強く否定してしまったが、娘が気を悪くしないかと心配していることを表している。

問四　傍線部(エ)「不覚にも」の「不覚」という言葉には、五通り程の意味がある。本文の場合はどれが最もよいか。次の①～⑤から一つ選べ。

①　意識がしっかりしていないこと。

② 思わず、そうすること。
③ 油断して失敗を招くこと。
④ 物事の道理をわきまえていないこと。
⑤ 覚悟がきまっていないこと。

問五 傍線部㈾において、「北山杉の村から来た娘」は、なぜ「よろこびの涙」を流したのか。次の①～⑤から一つ選べ。

① 相手が、自分の父や母について、興味を示し、尋ねてくれたから。
② 相手の否定にもかかわらず、自分と姉妹であることを確信したから。
③ 自分のような村娘ではなく、古都の裕福な家のお嬢さんと親しくなれたから。
④ 相手が経済的に裕福な家庭のお嬢さんであるとすれば、自分もその恩恵にあずかれるから。
⑤ 相手に失礼なことを言ってしまったのに、気を悪くすることもなく、親切に対応してくれたから。

問六 空欄［A］～［E］に、次の①～⑦から最も適当なものを一つずつ選んで入れ、文意が通るようにせよ。

① かすかに首をふった
② たずねてみた
③ ためらいもなく答えた
④ 胸を突かれた

⑤　うなずいた
⑥　もう聞くのをやめた
⑦　声をふるわせた

問七　空欄［F］に、次の①〜⑤から最も適当なものを一つ選んで入れ、文意が通るようにせよ。

①　礼儀を守らなければいけない
②　身分ちがいになっている
③　義父母に知れてはならない
④　二人だけの秘密にしたい
⑤　意気投合していない

問八　次の一文は、もともと本文中の空欄（Ⅰ）〜（Ⅴ）のどこかにあったものである。どこに戻すのが一番文意が通るようになるか。あとの①〜⑤から選べ。

目の前が、暗くなりかかった。

①　（Ⅰ）に　②　（Ⅱ）に　③　（Ⅲ）に
④　（Ⅳ）に　⑤　（Ⅴ）に

問九　川端康成と最も関係の深いものを、次の（ア）、（イ）各群の中から一つずつ選べ。

（ア）①　自然派　②　耽美派　③　新感覚派
　④　白樺派　⑤　新技巧派

（イ）①『斜陽』　②『破戒』　③『和解』
　④『細雪』　⑤『山の音』

第五講　問題

解説↓本冊110P

次の文章を読んで、あとの問いに答えなさい。

ロボットは人間か、と問うのは、ロボットにも心とか意識といったものがあるかと問うことである。うまそうに食事をしているロボットは本当に空腹を感じ、食欲をもち、そして味わっているのだろうか、あるいは単にすべてただ「振りをしている」だけなのだろうか。歯医者の椅子の上で呻(うめ)き声をあげているロボットは本当に痛がっているのだろうか。ただ痛そうな振りをしているだけではないのか。

だがこの問いに答える方法があるだろうか。ロボットに「本当に痛いのか」と尋ねればもちろんのこと、「間抜けたことを言うな、痛いったら痛いんだ」と答えるだろう（そしてその夜日記に、差別待遇をうけて心が痛んだ、と記すかもしれない）。嘘発見器につないでも人間の場合とは違う反応であろうがともかく嘘をついているときのロボットとは違う正常な反応を示すだろう。切開をすれば人間の神経繊維と比べれば不細工な金属線があり、それにパルス電流が流れているのが検出されよう。そして学のあるロボットならばそれがロボットの痛覚神経なのだと言うだろう。結局のところ㈠決め手はないのである。それは現在の科学や技術の段階では決め手はない、というのではなく(ア)未来永ゴウないのである。痛い、とか、うまい、ということは細胞の興奮とか神経伝導などとは全く別種のことだからである。だからそれを生理学的なあるいは工学的な検査法で検出しようというのが(二)どだいそもそも的外れなのである。

しかしこのことの切り込みはもっと深い。というのは、今述べたことは単に仮想的なロボットについてだけではなく自分の親兄弟にもあてはまることだからである。自分からみての他人、つまり他人の始まりである親兄弟を含めて自分以外の人間はすべて今述べたロボットと同じ位置にある。違うのはただその肉体の物質的(イ)ソ成だけだからである。だが蛋白質や脂肪からなる水気の多い(ウ)ジュウ構造と、電線やＬＳＩからなる乾いた(エ)ゴウ構造との違いから意識の(オ)ウ無を引き出せると思う人はいないからである。(三)自分の家族が歯医者の椅子の上で呻くとき、普通われわれは「本当に痛いのか」、と尋ねはしない。だが尋ねてもいいのである。そしてその家族はロボットと同じように答えるだろう。そして本当の痛みのあるなしに決め手のないことはロボットの場合と同じである。自分以外の人間が自分が感じるのと同種の痛みを感じているのかどうか、自分に見えるのと同種の赤色が見えているのかどうか、それをためす方法は原理的にないのである。

しかし、もし問題がここでとどまるならばまだしもである。科学的証明などなくてもそう信じればいい。神を信じている人にとってはことさらな神の存在証明などなくてもいいように、わが子の歯の痛みを信じるのに証明などはいらないだろう。だがもし私が信じていると思っているわが子の痛み、それが実はわが子の痛みでなかったら？　つまり、私が信じていることの[A]の証明がないというのではなく、私が信じていると思っていることがら自体が不可能なことがらであったなら？　そして[B]はこの疑問の通りであると私には思える。

　私の知っている痛みとか赤色とかはただ私自身が感じ、私自身に見えるものとしてのものである。それを他人に移植する、つまり他人がそれを感じたり見たりすると想像することは実は不可能なのではないか。実数の間の大小を複素数の間に移植したり、将棋の王手や成り駒を碁に移植することが不可能なように。私は他人が私の経験に似た経験をしていると想像しているつもりでも実は想像しているのはその他人になり変わった私自身なのではあるまいか。そして想像の中であっても私は終始私であって彼ではない。私に想像可能なのは、彼の立場にある私の痛みであって彼の痛みではない。私にできるのは私の自作自演の想像だけではあるまいか。だがこれは何とも奇妙な状況である。

（中略）

人が激痛でうずくまり冷や汗を流している。だが正直なところ私自身は少しも痛くない。痛くもかゆくもない。だが私は心痛する。しかし私は彼が痛い、ということを想像していはしない。その想像は不可能だからである。私が想像しているのは彼になり変わった私の痛みである。しかしだからといって私はこの想像上の私の痛みに心痛しているのではない（想像された痛みは少しも痛くない）。そうではなく私の心痛の対象はまさに彼なのである。

この(四)一見まことに奇妙な状況、この状況をわれわれの言葉では「彼が痛がっている」と言うのである。この状況の中で、彼になり変わった想像上の私が、彼を眺めている私と苦しそうな彼との間を飛びかっている。そして陽子と中性子の間を飛びかう中間子がその陽子と中性子とを固く結びつけるように、この飛びかう想像上の私が現実の私と彼とを「人間仲間」として結び付けているのである。だからこの飛びかいが失われたならば私にとって彼は「人」でなくなる。そして私の方は離人症と言われるだろう。

幸い今のところ私は離人症ではない。それは私が生まれてこのかた長年人中で暮らしてきたおかげで身についた態度なのである（(五)狼少年ならばこの態度を持たないだろう）。そしてもし私が長年ロボットと人間らしい付き合いを続けたならばロボットに対しても恐らくこの態度をとるだろう。そのとき私にとってそのロボットは「人」なのであり、心も意識もある「人間」なのである。

（大森荘蔵『流れとよどみ―哲学断章―』（産業図書）による。ただし文章の一部省略、表記の改変があ

る）

問一 ア〜オの＝＝部にあてはまる漢字として適切なものを一つずつ選びなさい。

ア 未来永ゴウ　1 却　2 合　3 劫　4 業　5 行

イ ソ成　1 祖　2 素　3 粗　4 組　5 礎

ウ ジュウ構造　1 従　2 柔　3 重　4 軟　5 弱

エ ゴウ構造　1 強　2 剛　3 業　4 壕　5 堅

オ ウ無　1 在　2 右　3 宇　4 産　5 有

問二 傍線部㈠「決め手はない」とあるが、なぜ決め手がないのか。次の中から最も適切なものを選びなさい。

1 本当に痛いのか、ただ「振りをしている」だけなのかは見分けがつかない性質のことだから。

2 人間とロボットがたとえ同じ反応をしたとしても、両者には原理的な違いがありそれを埋めることはできないから。

3 人間の神経繊維とロボットの金属線の働きは本来異なったものであるから。

4 ロボットの痛覚神経の性能はどんなにがんばっても人間の神経ほどには発達しないと考えられるから。

5 痛いとかうまいということは生理学的なあるいは工学的な検査法ではとりだせないから。

問三　傍線部㈡「どだい」は副詞であるが、この語の使われ方としてふさわしくないものを次の中から一つ選びなさい。

1　彼はいつも中途半端だ。最後までやり遂げるのはどだい無理な話なのだ。
2　彼はよく遅刻する。どだいいいかげんな性格なのだ。
3　どだい政治家というものはうそつきに決まっている。
4　彼はいつも失敗してわれわれをがっかりさせる。今回もどだいそうだろう。
5　あなたの言っていることはどだい話にならない。

問四　傍線部㈢「自分の家族が歯医者の椅子の上で呻くとき、普通われわれは『本当に痛いのか』、と尋ねはしない」とあるが、なぜ尋ねはしないのか。その理由として適切でないものを次の中から一つ選びなさい。

1　ふだん一緒に生活している家族の歯の痛みなら信じることができるから。
2　たとえ家族の歯の痛みであってもその痛みは原理的に証明できないから。
3　家族の歯の痛みを自分の自作自演の想像の中で感じとることができるから。
4　他人の痛みといった感覚を疑うことは普通しないことであるから。
5　痛がっている家族になり変わった私が家族と私の間を飛びかっているから。

問五　空欄［A］・［B］にはそれぞれどの言葉を入れるのがよいか。次の中から適切なものを一つずつ選びなさい。

1　真理　　2　真偽　　3　可能　　4　事実　　5　虚偽

問六　傍線部㈣「一見まことに奇妙な状況」とあるが、この奇妙な状況に合致しないものを次の中から一つ選びなさい。

1　子どもがやけどをするのを見て、母親が思わず熱いと叫ぶようなとき。
2　映画の主人公がかわいそうで、もらい泣きをしてしまったようなとき。
3　亡くなった友人の思い出に思わず涙がでてくるようなとき。
4　芝居で悲劇の主人公を演じ本当に悲しくなってしまったとき。
5　失敗したときの自分のことを想像し思わず胃が痛くなるとき。

問七　傍線部㈤「狼少年ならばこの態度を持たないだろう」とあるがなぜなのか。その理由として最も適切なものを次の中から選びなさい。

1　狼に育てられても、人間は人間に対し親愛の情をもつことが出来るから。
2　狼を親と思った人間は、自分を狼の子と思いこみ、もう二度と自分を人間と思うことはないから。
3　狼同志の絆は人間よりも強く、狼に育てられた人間はその絆から逃れることができないから。
4　狼の世界も人間の世界と似ており、狼に育てられたからといって人の社会に適応できないことはないから。
5　狼に同化してしまった人間は、たとえ人間とつきあっても、もはや相手を人間と思えなくなってしまうから。

問八　この文章の趣旨に合致するものはどれか。最も適切なものを次の中から選びなさい。

1　どんなに精巧なロボットを作ったとしても所詮他人の痛みを想像する人間の能力にはかなわない。そこに人間の可能性がある。

2 ロボットを差別するのはロボットに心がないと思うからである。だがそのことが証明できない以上、ロボットを差別するべきではない。これは人間についても言えることである。

3 人間は相手に成りかわった自分を想像する力を持つ。この想像力を共有しあったものどうしが人間である。

4 われわれが人間であるのはお互いを人間として認識する世界の中で生きているからである。お互いを猿と認識すればわれわれは猿になる。

5 他人の痛みを感じとれるのは、心の中で他人を思いやる想像力とやさしさがあるからである。それを失えば人間はロボット同然になってしまう。

第六講　問題

解説→本冊117P

次の文章を読み、あとの問に答えよ。

ところで一般に言われる如(ごと)く、蕪村が芭蕉に比して客観的の詩人であり、客観主義的態度の作家であることは疑いない。したがってまた「技巧的」「主知的」「印象的」「絵画的」等、すべて彼の特色について指摘されているところも、定評として正しく、決して誤っていないのである。しかしながら多くの人は、これらの客観的特色の背後における、詩人その人の主観を見ていないのである。そしてこの「主観」こそ、正(まさ)しく蕪村のポエジイであり詩人が訴えようとするところの、唯一の抒情(じょじょう)詩の本体なのだ。人々は芭蕉について、一茶について¹こうした抒情詩の本体を知り、その²叙景的な俳句を通して、芭蕉や一茶の悩みを感じ、彼らの訴えようとしている人生から、主観の意志する「詩」を摑(つか)んでいる。しかも何と不思議なことに、人々はなお蕪村について無知であり、単に客観的の詩人と評する以外、少しも蕪村その人の「詩」を知らないのである。そしてしかも、蕪村を讃(さん)して芭蕉と比肩し、無批判に俳聖と称している。「詩」をその本質に持たない俳聖。そして単に、技巧や修辞に巧みであり、絵画的の描写を能事としている俳聖。そんな似而非(えせ)詩人の俳聖がどこにいるか。

こうした見地から立言すれば、蕪村の3世俗に誤られていること、今日の如く甚だしきはないと言える。かつて芥川龍之介君と俳句を論じた時、芥川君は芭蕉をあげて蕪村を貶(けな)した。4その蕪村を好まぬ理由は、蕪村が技巧的の作家であり、単なる印象派の作家であって、芭蕉に見るような人生観や、［5］の強いポエジイがないからだと言うことだった。友人室生犀星君も、かつて同じような意味のことを、蕪村に関して僕に語った。そして今日俳壇に住む多くの人は、好悪の意味を別にして、等しく皆同様の観察をし、上述の「定評」以外に、蕪村を理解していないのである。

蕪村を誤った罪は、思うに彼の最初の発見者である子規、及びその門下生なる根岸派一派の俳人にある。子規一派の俳人たちは、詩からすべての［5］とヴィジョンを排斥し、自然をその「あるがままの印象」で、単に平面的にスケッチすることを能事とする、いわゆる「写生主義」を唱えたのである。（この写生主義が、後年日本特殊の自然主義文学の先駆をした。今日でもなお、アララギ派の歌人がこの美学を伝承しているのは、人の知る通りである。）こうした文学論が如何(いか)に浅薄皮相であり、特に詩に関して邪説であるかは、ここで論ずべき限りでないが、とにかくにも子規一派は、6この文学的イデオロギーによって蕪村を批判し、かつそれによって鑑賞したため、自然蕪村の本質が、彼らのいわゆる写生主義の規範的俳人と目されたのである。

今や蕪村の俳句は、改めてまた鑑賞され、新しくまた再批判されねばならない。僕の断じて立言し得ることは、蕪村が単なる写生主義や、単なる技巧的スケッチ画家でないということである。反対に蕪村こそは、一つの強い主観を有し、7イデアの痛切な思慕を歌ったところの、真の抒情詩の抒情詩人、真の俳句の俳人であったのである。ではそもそも、8蕪村におけるこの「主観」の実体は何だろうか。換言すれば、詩人蕪村の魂が詠嘆（えいたん）し、憧憬（しょうけい）し、永久に思慕したイデアの内容、即ち彼のポエジイの実体は何だろうか。一言にして言えば、それは時間の遠い彼岸に実在している、彼の魂の故郷に対する「郷愁」であり、昔々しきりに思う、子守唄の哀切な思慕であった。実にこの一つのポエジイこそ、彼の俳句のあらゆる表現を一貫して、読者の心に響いて来る音楽であり、詩的情感の本質を成す実体なのだ。

（萩原朔太郎『郷愁の詩人　与謝蕪村』（宝文館）による）

問一　傍線部1「こうした抒情詩の本体」は、後の部分で言い換えられているが、最も的確に言い換えている部分を十字以内で抜き出せ。

問二　傍線部2「叙景的な俳句」に対比して文中で用いられている語は何か、三字以内で答えよ。

問三　傍線部3を十字以内でわかりやすく書き換えよ。

問四　傍線部4に関して、「その」が何を受けているかを明らかにして四字以内で書き換えよ。

問五　文中二箇所の空欄5には同じ言葉が入る。適切な語を文中から選んで入れよ。

問六　傍線部6「この文学的イデオロギー」を文中の別の言葉に置き換えよ。

問七　傍線部7「イデア」に関して、イデアは本来「事物の永遠で理想的な形」を意味するが、筆者は蕪村におけるこの語の内実は何だと言っているか、文中の四字の語で答えよ。

問八　傍線部8「蕪村におけるこの『主観』の実体」を筆者は要約して何だと言っているか、文中の二字の語で答えよ。

第七講　問題

解説→本冊124P

次の文章を読んで、あとの問いに答えなさい。

旅において想い出が問題になるのは、未知のところ、珍しいところを訪れることが多いからでもあるが、実はそれにもまして、愉(たの)しい自分の過去がそこにあるからであろう。そのような過ぎ去ったかつての自分をふたたび現前させ、それによっておのれのアイデンティティを確認することができるからであろう。アイデンティティとは自分が自分であることにほかならないが、あらためてそれを根拠づけようとすると、なかなか難しい。自分が自分であることを根拠づけるためには、少なくとももう一つ別の確実な自分、存在感のある自分がどうしてもなければならない。［Ａ］そのもう一つの自分との関係のなかで、はじめて、自分が自分であることが根拠づけられるからである。

旅券（パスポート）による〈身分証明〉の場合は、そのいちばんわかりやすい例である。パスポートを持って外国を歩いているときほど妙に自分が日本政府と結びついていることと、日本という国家にａキゾクしていることを感じさせられることはない——そういう思いをしたことのある人は少なくないだろう。

さて国（政府）が発行するパスポートは、照合のための写真を貼付（ちょうふ）することで、世界中のどこの国にいっても、国籍と本籍から自分が自分であることを証明してくれる。それは心理的、精神的なアイデンティティ＝自己同一性ではなくて、外的、現実的な自己同一性にかかわるものではある。［　B　］身分証明書＝アイデンティティ・カードとしての旅券を落としたり盗まれたりした場合のことを考えれば、右の精神的と現実的という自己同一性の区別はそれほど決定的なものではないことがわかる。自分が自分であることを公的に証明するものが失われるとき、ひとはいわば［　C　］のない生活を強いられかねないし、そのときの不安はたちまち［　D　］的な自己同一性をbオビヤかしてくるからである。

まことに旅においては、私たちは実にいろいろな意味、いろいろなかたちで、自己同一性、自分が自分であることが問われるのである。そして［　E　］をメタファ（隠喩（いんゆ））とする私たちの一生には、節目をなすいくつかの時期があって、それらの時期をきちんと通過することが人間としての自己確立＝アイデンティティ強化のために必要なものと考えられている。［　F　］〈通過儀礼〉と呼ばれているものがそれにほかならない。

ファン・ヘネップ（『通過儀礼』綾部恒雄他訳）もいうように、「集団にとっても個人にとっても、人生というものは、解体と再構成、状況と形態の変化、および死と再生の絶え間ない連続である。人生とはまた、行動と休止、待つことと休むこと、そしてふたたび、しかしこんどはちがうやり方で行動を開始することでもある。そして、いつでも越えていくべき新しい敷居がある」。そしてヘネップのいう敷居＝通過儀礼の主なるものは、人間の誕生、思春期、成人、結婚、死などに際してのものである。

けれども私たちは、それらにさらに、入学、卒業、入社、退職なども加えることができる。それらの一つ一つの節目における自己の確認は、それらの［　G　］をとおして、人それぞれにおのれの一生を厚みをもった手応えのあるものにするのである。まことに〈通過儀礼〉とは、人の一生を過ぎゆく旅の c ドウテイとして捉えている点で、芭蕉のあまりにも有名なことば――［　H　］――と相応じ、結び付く。

さて、想い出によって甦らせ現前させうるのは、なにも自分の過去だけではない。他人の過去、とくに亡くなった人間＝死者の過去を甦らせる働きをするのも想い出である。死者たちは私たちの想い出によってはじめて私たちとつながり、私たちの心のなかで生きているのである。もともと死者たちを葬ったのが人類文化のはじまりであった。およそとむらいとは、亡き人の過去の想い出を鮮明に現前させ、新たにすると同時に区切りをつけるための儀礼であるといえよう。私たちが想い出すことで死者は甦るが、そのとき私たち生者もまた、日常の生とはちがった d シンソウの生を生きることになるのである。

（中村雄二郎「知の旅へ」〈中村雄二郎・山口昌男編『知の旅への誘い』所収〉（岩波書店）による）

問一 ――線部a～dのカタカナの部分を漢字に直しなさい。

問二 [A] [B] [F] に入る最も適当な語を、次のア～オの中から選び、記号で答えなさい。

ア すなわち　イ なぜなら　ウ したがって
エ ところで　オ けれども

問三 [C] に入る最も適当な語を、次のア～オの中から選び、記号で答えなさい。

ア 眼　イ 首　ウ 顔　エ 心　オ 足

問四 [D] [E] [G] に入る最も適当なことばを、問題文の中から抜き出して、それぞれ答えなさい。

問五 〰〰線部「節目をなすいくつかの時期」と同じ内容を示す比喩(ゆ)的表現が他にもあります。それはどの表現ですか。問題文の中から、最も適当な部分を抜き出して答えなさい。

問六 [H] に入る最も適当な一文を、次のア～オの中から選んで、記号で答えなさい。

ア しらぬ山、しらぬ海も旅こそ師匠なれ
イ 天地は万物の逆旅にして、光陰は百代の過客なり
ウ 雨の夜、草庵の中の楽しみも、旅しらぬ人の詞にや

エ　いとほしき子には、旅をさせよといふ事あり

オ　月日は百代の過客にして、行かふ年も又旅人也

問七　問題文の主旨と合致するものを、次のア～カの中から二つ選び、記号で答えなさい。

ア　旅の想い出は、自分が自分であることを確認することが可能であるところに意味がある。

イ　人間の生活における想い出は、センチメンタルな追憶によって成立する崇高な精神的態度である。

ウ　旅の想い出は、自分が自分であることを確認出来ないところに問題が残るであろう。

エ　国が発行するパスポートは、世界中の、どこの国へ行っても自己同一性を保証する唯一の証明書になり得る。

オ　死者へのとむらいは、死者と生者の間に鮮明な区別をつけるためのみの通過儀礼である。

カ　誕生から死までの様々な通過儀礼は、人間としての自己確立の強化にきわめて重要なものである。

参考問題

解説→本冊133P

次の文章を読んで、あとの問に答えよ。

日本国民は、正当に選挙された国会における代表者を通じて行動し、われらとわれらの子孫のために、諸国民との協和による成果と、わが国全土にわたって自由のもたらす恵沢を確保し、政府の行為によって再び戦争の惨禍が起ることのないやうにすることを決意し、ここに主権が国民に存することを宣言し、この憲法を(1)確定する。そもそも国政は、国民の厳粛な信託によるものであって、(2)その権威は国民に由来し、(3)その権力は国民の代表者がこれを行使し、(4)その福利は国民がこれを享受する。これは人類普遍の原理であり、この憲法は、かかる原理に基づくものである。われらは、(5)これに反する一切の憲法、法令及び詔勅を排除する。

日本国民は、恒久の平和を念願し、人間相互の関係を支配する崇高な理想を深く自覚するのであって、平和を愛する諸国民の公正と信義に信頼して、われらの安全と生存を保持しようと決意した。われらは、平和を(6)維持し、専制と隷従、圧迫と偏狭を地上から永遠に除去しようと努めてゐる国際社会において、名誉ある位置を占めたいと思ふ。われらは、全世界の国民が、ひとしく恐怖と欠乏から免かれ、平和のうちに生存する権利を有することを確認する。

われらは、(a)いづれの国家も、自国のこと(b)のみに専念して他国を無視してはなら(c)ないのであって、政治道徳の法則は、普遍的なものであり、この法則に従ふことは、自国の主権を維持し、他国と対等関係に立たうとする各国の責務(d)であると信ずる。

日本国民は、国家の名誉に(e)かけ、全力をあげてこの崇高な理想と目的を達成することを誓ふ。

（『日本国憲法』〈前文〉による）

問一　傍線部(1)の述語「確定する」に対する主語は何か。

問二　傍線部(2)(3)(4)の「その」は三つとも同一の語をさしているが、それは何という語か。

問三　傍線部(5)「これ」がさしている語句（七字以内）は何か。

問四　傍線部(6)の述語「維持し」に対する主語は何か。

問五　傍線部(a)〜(e)の語の品詞名として適当なものを、次の中から選び、記号で答えよ。

ア　名詞　　イ　代名詞　　ウ　動詞　　エ　形容詞　　オ　形容動詞

カ　連体詞　　キ　副詞　　ク　接続詞　　ケ　助動詞　　コ　助詞